NEW
VIEWS

NEW VIEWS: The World Mapped Like Never Before
by Alastair Bonnett
© 2017 Quarto Publishing plc.
Text © 2017 Alastair Bonnett

Japanese translation rights arranged with
Quarto Publishing Plc
through Japan UNI Agency, Inc., Tokyo

地球情報地図
自然環境から国際情勢まで

アラステア・ボネット [著]　山崎正浩 [訳]

50
NEW VIEWS
The World Mapped Like Never Before

創元社

CONTENTS
目次

- 6 　はじめに
- **8 　陸、海、空**
  - 10 　森林火災
  - 14 　小惑星の衝突
  - 18 　自然災害に対する脆弱性
  - 22 　森林の増減
  - 26 　水ストレス
  - 30 　パンゲア・ウルティマ大陸
  - 34 　地殻の隆起
  - 38 　原子力と再生可能エネルギー
  - 42 　大気汚染
  - 46 　太陽エネルギー
  - 50 　気温異常
  - 54 　航空交通量
  - 58 　海の所有者
  - 62 　海洋ゴミ
  - 66 　未知の海
  - 70 　海面の低下
  - 74 　漂流ブイ
  - 78 　雷
  - 82 　海底ケーブル
  - 86 　海面上昇
  - 90 　降水量の変化

- 94 **人類と野生動物**
  - 96 両生類の多様性
  - 100 アリの多様性
  - 104 鳥類の多様性
  - 108 有毒動物が多い国
  - 112 顧みられない熱帯病
  - 116 世界の人口の5％
  - 120 エコロジカル・フットプリント
  - 124 平和度
  - 128 ブラック・マーブル
  - 132 言語的多様性
  - 136 合計特殊出生率
  - 140 宗教的多様性
  - 144 肥満率
  - 148 幸福度

- 152 **グローバリゼーション**
  - 154 Twitterのつながり
  - 158 アメリカのファストフードチェーン
  - 162 航路
  - 166 エネルギーの流れ
  - 170 移民数
  - 174 移民の流れ
  - 178 アメリカ移民の出身国
  - 182 都市への所要時間
  - 186 消滅の危機にある言語
  - 190 世界のナッツ貿易
  - 194 ガソリン価格
  - 198 昆虫食
  - 202 銃の数
  - 206 薬物問題
  - 210 砂糖の消費量

  - 214 地図の投影法
  - 218 参考データ
  - 220 索引
  - 223 クレジット

はじめに
INTRODUCTION

　あるテーマに沿って集めた情報を世界地図にマッピングしていくのは、とてもおもしろいものです。近年、こうしたビジュアル化の重要性が増してきています。本書では、めまぐるしく変化する世界の今を切り取った、50枚のマップを紹介しています。この50の新しい視点は、読者を驚かせ、探究心を刺激すると同時に、地球上で生きていくとはどのようなことなのか、考え直すきっかけを与えてくれます。

　本書を読むのはジェットコースターに乗るようなものです。「昆虫食」や「雷」といった一見奇妙な話題から、「移民の流れ」や「エコロジカル・フットプリント」といった現代社会の重大問題まで、予想外のテーマが眼前にくり広げられます。本書を読めば、「コオロギ」や「落雷」に関するデータが、なぜマッピングするほどの重要性を持つかがわかるでしょう。

　いろいろなマップが、日常生活の中で重要な位置を占め始めています。スマートフォンなど携帯可能なIT機器が普及し、何らかのデータを地図化、ビジュアル化することはすぐにできるようになりました。現代文明は、ますます統計データに依存するようになったのです。本書のマップの大部分は、大量のデータ処理が可能になった昨今のIT技術に依存しています。鳥類の種数や世界の平和度といったマップがその典型です。またNASAの人工衛星によって得られた、驚くようなデータは、私たちが暮らす地球についての考えを劇的に変えてくれます。ここ10年ほどの間に、以前とはケタ違いの画質と解像度で、地球の全体像を撮影できるようになりました。本書の「森林火災」や「ブラック・マーブル（夜の地球）」のページを見れば、そのような画像で作成したマップの有用性を理解できるでしょう。地球上のどこで大きな変化が起こり、どこをターゲットに解決策を用いればよいかが一目瞭然です。

　しかしながら、本書のマップの素晴らしい点は実用性だけではありません。マップは美しく、読者の心を引きつけ、時には感動を与えてくれます。

　どのマップも莫大なデータをテラバイト単位で利用しています。しかしより重要なのは、専門家がこうしたマップの作成に膨大な時間を費やしている点です。例をあげれば、「未知の海」のマップは過去に例のない、世界規模での大調査のデータをもとにしています。この海洋生物調査プロジェクトには2,700

人の科学者と540の調査隊が参加し、6,000の新種が発見されました。ただし、これは一例に過ぎません。本書は、さまざまな調査結果をマッピングしたものであると同時に、それらの調査に対する賛辞でもあると考えています。

　世界地図が持つ一種の雄大さは、人の心を魅了し過ぎるのかもしれません。しばしば、細かい点 ── 往々にして重要な点 ── が見失われ、大づかみな概要しかわからなくなることがよくあります。しかしながら、世界が密接につながった現代では、地球全体を概観することがかつてないほど重要になっています。世界地図の上に表すことができれば、すぐに全体像をつかめます。一目見ただけで、世界の状況を把握できるのです。さらに細かく分析するときは、国々のつながりや、地域ごとのパターンと類似点を調べます。これが、世界の問題を理解する際の重要なポイントです。

　本書では、テーマの独創性と重要性を基準にマップを選びました。銃の数といった社会的問題から、地殻の隆起やパンゲア・ウルティマ大陸といった、人間の力を超えたレベルでの自然の動きまで幅広いテーマを扱っています。しかし同時に、人間の活動と自然のつながりを示す世界地図も数多く選びました。鳥類の種数や気温の異常など、多くの「自然」現象は、人間の活動から影響を受けているのです。

　また、これまでマッピングできないと考えられていたテーマにも挑戦しました。努力の結果、自然と社会のつながりを鮮やかに示すことができたと自負しています。例えば、ガソリン価格のマップを見れば、各国のガソリンの価格政策について理解するのに役立つでしょう。海洋ゴミに関するマップは、使い捨て文化と海流の関係を描き出しています。

　『奇妙な孤島の物語』の著者ユーディット・シャランスキーは「地図帳を開く者は何もかも一度に手にしたがる。際限などない。全世界を手にしたいのだ」と記し、さらに「いかなるときでも、ガイドブックではなく地図帳が欲しいのだ」と主張します。なぜなら「地図帳以上に、空想にふけるのに役立つ本はこの世界に存在しない」からです。本書には科学的なデータと厳しい現実、そして少しばかりの美しさが詰まっています。興味を引くテーマと鮮やかなマップが生み出す驚きは、読者の目を楽しませ、想像力をかき立てることでしょう。

陸、海、空

LAND, AIR AND SEA

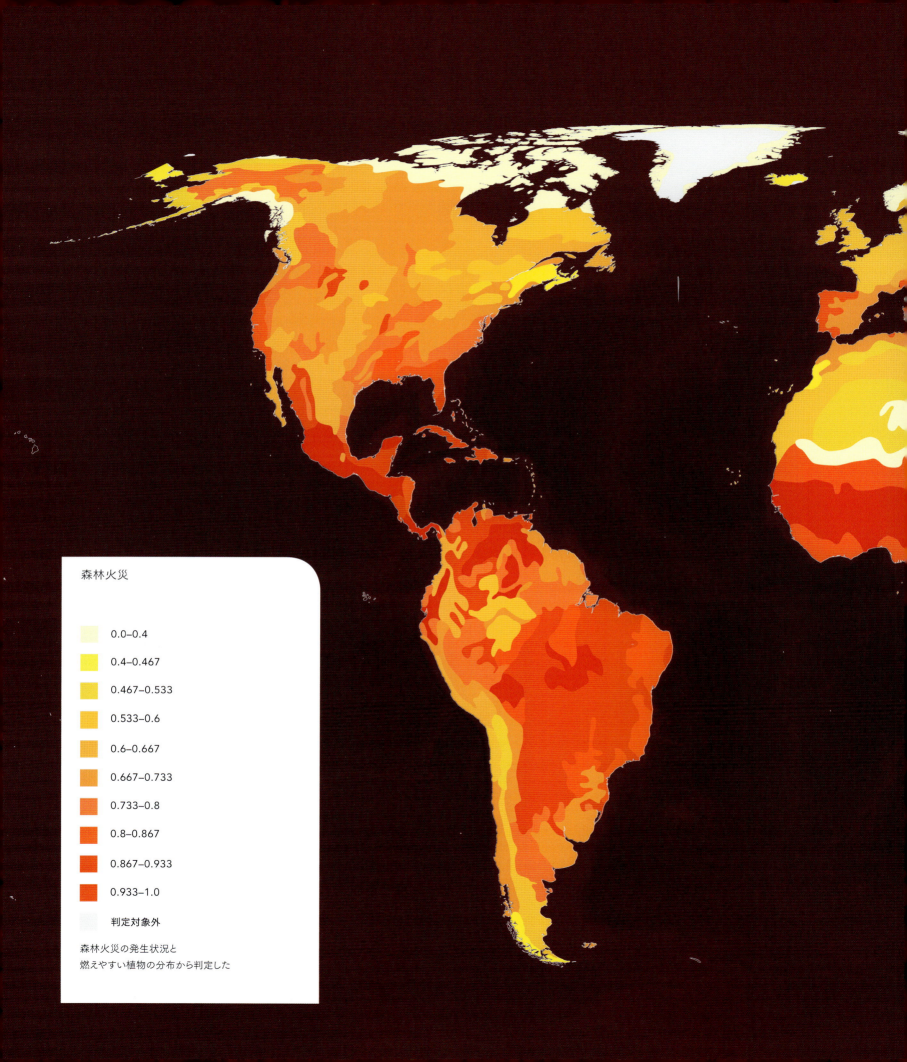

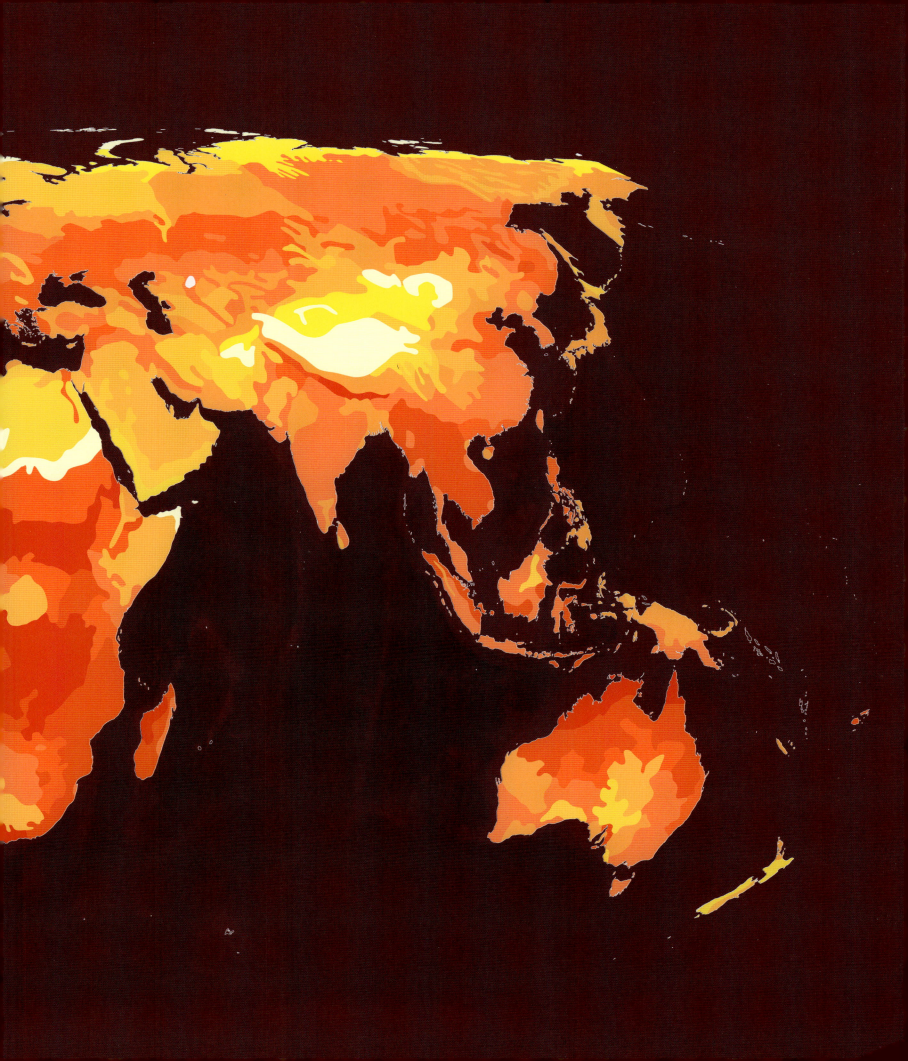

森林火災
FIRE ACTIVITY

　火は破壊とともに創造の原動力でもあります。植物を焼き払い、野生動物だけでなく人間にも被害を与えますが、生態系にとって大切な働きをしている場合もあります。前ページのマップは、森林火災（山火事、野火）が起きやすい場所を示したものです。人工衛星でとらえた森林火災と、燃えやすい植物の分布の2つのデータを組み合わせ、0（火災が発生しにくい）から1（非常に発生しやすい）の範囲で数値化しました。このマップは、世界のどこが「燃えやすいか」を表しています。生態学にとっても、火災発生傾向だけでなく脆弱性（火災に対する弱さ、燃えやすさ）を確認できるため価値あるものとなりました。マップを見ると、サハラ砂漠のような非常に高温の地域が、より温度の低い地域よりも燃えにくいことがわかります。砂漠には燃えるものがほとんどないためです。これに対して熱帯は、深刻な被害をもたらす森林火災が発生しやすくなっています。マップでは、中央アメリカからアマゾン、サハラ砂漠以南のアフリカ、オーストラリア北部が濃い赤色になっています。これらは、高温で植物が生い茂っている地域です。

　このマップを作るのに欠かせなかったのが、NASAの資源管理システムの火災情報から得られるデータでした。NASAの人工衛星は森林火災を監視し続け、衛星が火災現場の上空を通過して3時間後にはデータが利用可能になります。衛星による監視を続けることで、以前よりも効率的に地球上の森林火災を発見し、状況がどのように変わるかを把握できるようになりました。

　しかし、森林火災は環境に対して、必ずしも破滅的な結果をもたらすわけではありません。マップ作成のためにデータを集めてまとめ上げた、スペインの砂漠化研究センターの植物生態学者ジュリ・ポーサスによれば、「火災の後にしか花を咲かせない植物や、生き残るため樹皮を厚くした植物もある」そうです。「森林火災は太古から生態系の一部となっていた」のです。さらにポーサスは「森林火災がない世界は、丸みを帯びていない球体のようなもので、想像もできない」といいます。

2010年3月に衛星からの観測によって火災と判断された件数。熱帯に多発地域が帯状に広がっている。

　これらのマップは、地球の大半の地域が森林火災に対していかに弱いかを示しています。気温の上昇が続く状況では、問題はなおのこと深刻です。現在は温帯に属する地域であっても、気温の上昇で森林火災の脅威が増大するかもしれないのです。ポーサスは「乾燥した地域よりも、湿度が高く緑豊かな生態系が広がる地域の方が、火災になりやすい」と述べています。そして「植物がよく育つ高位生産地（農業向きで生産性が高い土地）では、高温になると急激に森林火災が発生しやすくなる」と指摘しています。つまり「高位生産地では、わずかな温度変化が森林火災の危険性を大きく高める」のです。

　またマップを見た専門家は、人間の活動による影響がすでに見て取れると指摘します。植物の増加と気温の上昇が森林火災を増やすのであれば、アメリカ南部では、マップに示されたよりも多くの森林火災が発生しているはずです。ポーサスは、人間の消火活動が影響を与えていると考えています。環境に適した植物が育ってきた地域で森林火災が少なく、逆に熱帯地域の一部では、予想以上の森林火災が発生しているのです。熱帯では森林の伐採が進み、牧草や材木用の樹木が植えられたため、手つかずの熱帯雨林よりも燃えやすい森林に変化しているのかもしれません。

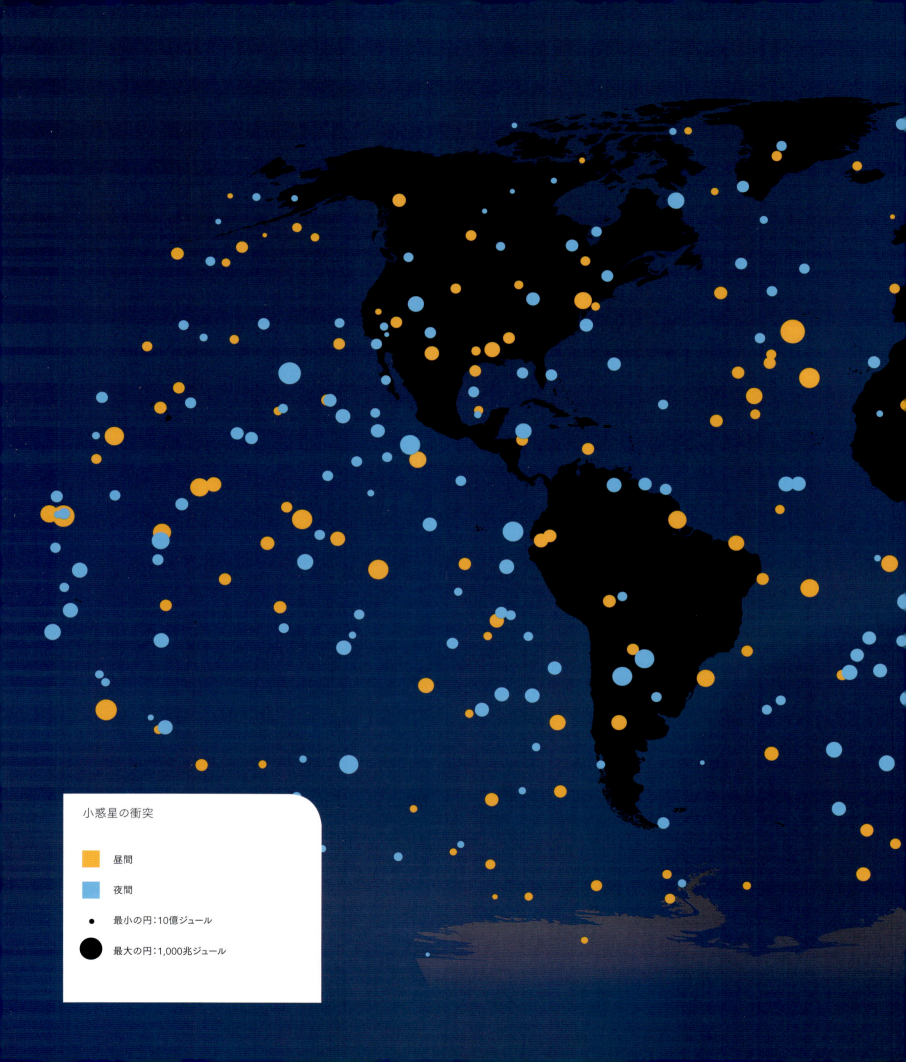

小惑星の衝突
ASTEROID STRIKES

　地球には宇宙からの落下物が降り注いでいます。塵や砂粒ほどの大きさの物体であれば、毎日100トンほどが地球に落下し大気圏内で燃え尽きているのです。前ページのマップは、2014年11月に発表されたNASAの地球接近天体観測プログラムのデータをもとに作成しました。データは1994年から2013年の20年間で地球に到達した、大きさ1mから20mの小惑星の落下位置を示しています。オレンジ色は夜間に落下した位置、青色は昼間に落下した位置を表し、円の大きさは衝突のエネルギー（単位はジュール）に比例しています。これらの衝突エネルギーは、「小規模」と表現される場合でも莫大なものです。最小の円でも、そのエネルギーは10億ジュールで約5トンのTNT火薬の爆発に相当します。最大の円になると、衝突エネルギーは1,000兆ジュールに達し、TNT火薬100万トンに相当するのです。

　このマップで最も目を引くのは、衝突位置が地球全体にランダムに分布していることです。年間を通してみれば、小惑星の衝突が他よりも起きやすい、あるいは起きにくい位置というものはありません。ただし1年のうちのある時点をとれば、衝突が起きる可能性は位置によって異なっています。また近年の研究から、地球が（軌道上の）特定の位置にある時期に、小惑星衝突が起きやすいのではないかといわれています。北半球であれば、衝突が最も起きやすいのは11月、起きにくいのは5、6月ではないかというのです。地球に衝突した小惑星はいずれも大気圏内で分解しますが、小さな破片が地表にまで届くことがあり、これを隕石と呼びます。このマップ内で最大の円（オレンジ色）は、ロシア南部での衝突です。2013年2月15日、チェリャビンスク州上空に大きな火の球が現れました。17〜20mの大きさの小惑星が、高速で大気圏に突入したのです。生じた衝撃波は周辺都市のビルに損害を与え、1,000人を超える人々が負傷しましたが、幸い死者は出ませんでした。

　衝突の記録をていねいにとり続ければ、小惑星衝突の規模と被害を理解する助けとなります。そして大被害をもたらす、より大きな小惑星の衝突に備える

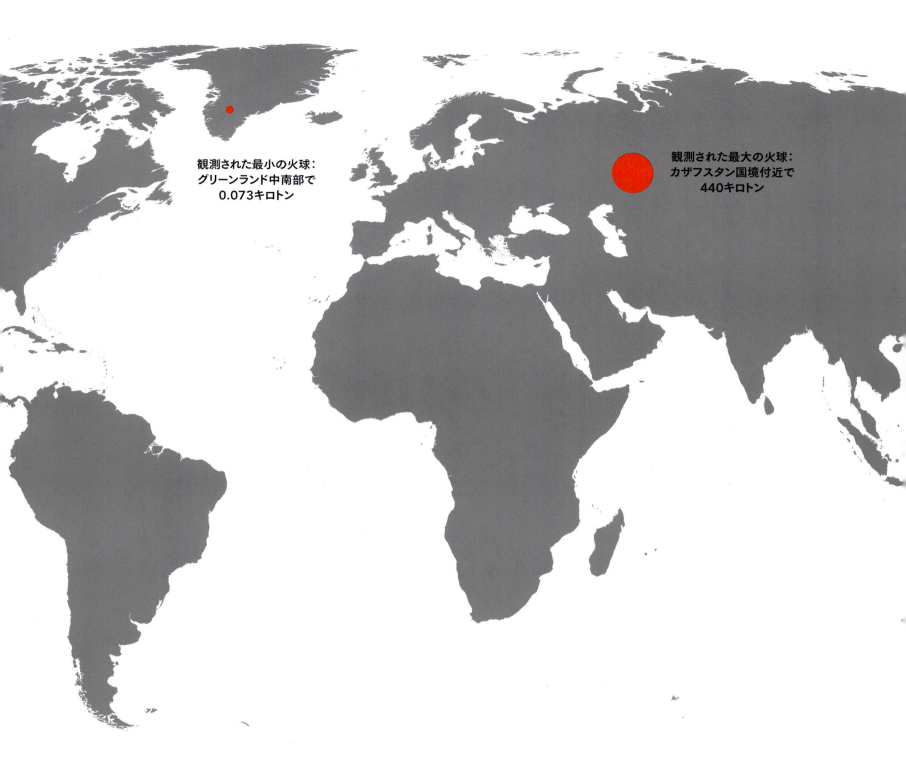

1988年4月15日から2017年3月11日の間に発生した小惑星衝突の、最小のケースと最大のケースを示した。衝突エネルギーを示す単位としてキロトンを用いた。

のにも役立ちます。地球接近天体観測プログラムのプロジェクトマネージャー、ドナルド・ヨーマンズによれば、同プログラムの目的は「潜在的に危険な小惑星を、地球接近前に発見すること」です。乗用車ほどの大きさの小惑星であれば1年に1回程度、サッカーフィールドほどの大きさの小惑星なら5,000年に1回程度の割合で地球の大気圏に突入しています。さらに、平均して数百万年に1度は、地球環境を激変させ生命を根絶やしにするほどの巨大な小惑星が地球に衝突しているのです。

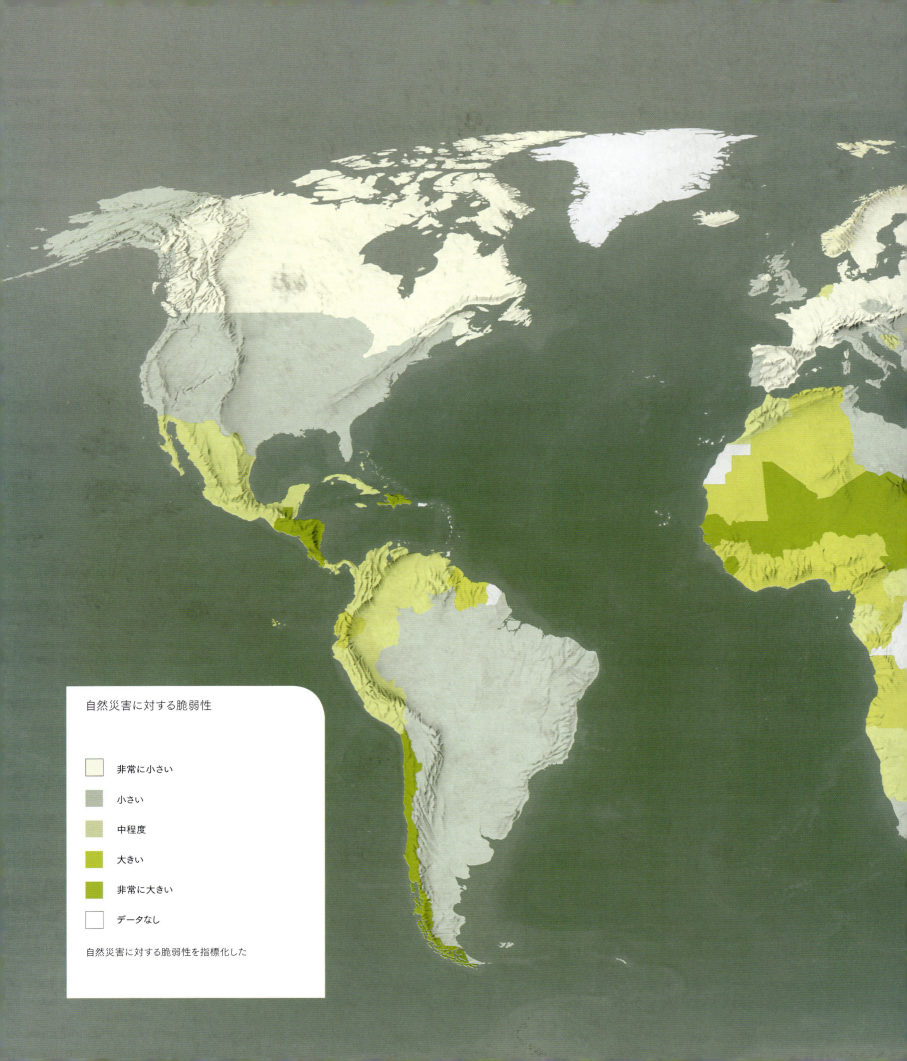

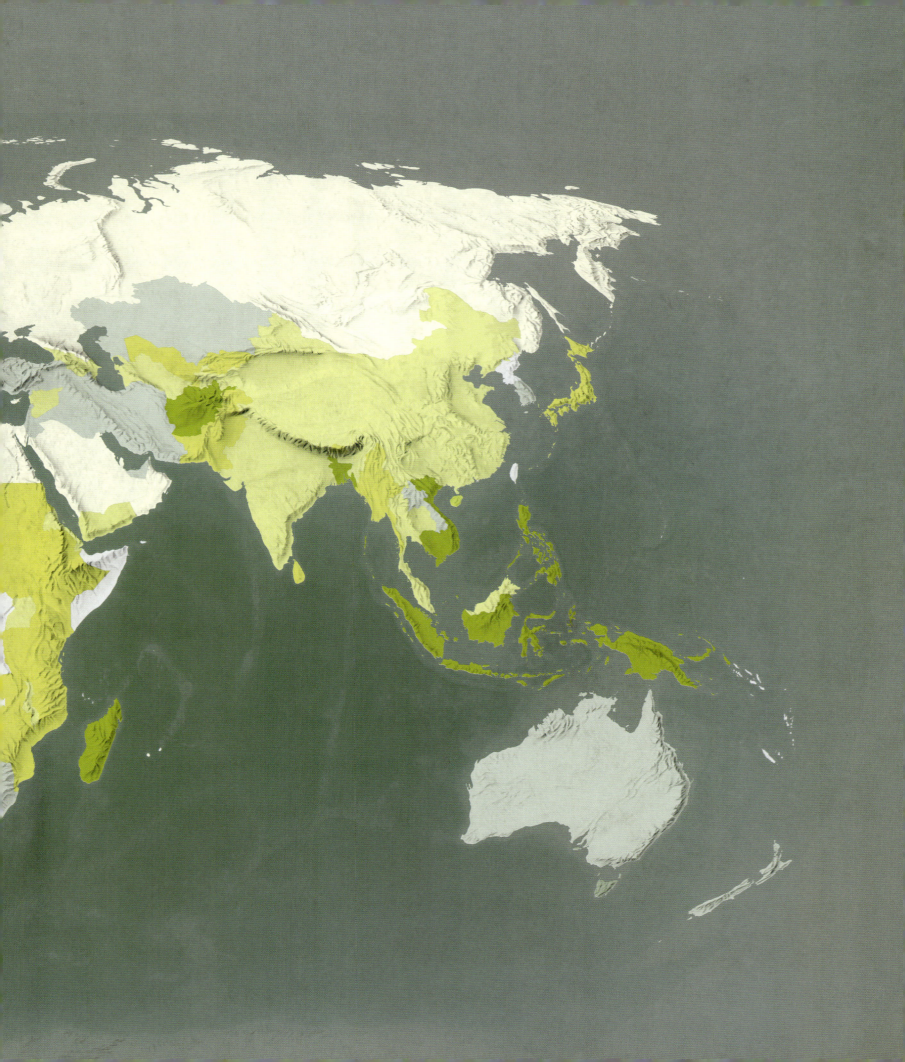

自然災害に対する脆弱性

VULNERABILITY TO NATURAL DISASTERS

　地球上では地震、干ばつ、洪水、台風が常に発生していますが、人間がこれらの災害に注意を向けるのは、大被害を受けたときだけです。前ページのマップは、国連大学の世界リスク報告2012年版にもとづいて作成しました。太平洋の小さな島国バヌアツが最も被害を受けやすく、アラビア半島の端に位置するカタールが最も安全という結果になっています。

　バヌアツは地震とサイクロンの多発地帯に位置しますが、災害に対応できる国力がありません。バヌアツほどではありませんが、近くのフィリピンも同様の問題を抱えています。人口約1億人のフィリピンは、自然災害の被害の受けやすさでは第3位なのです。またマップから、世界の人口の多くが、危険度が中～高に分類される地域に集中していることがわかります。それらの地域の大半が医師不足に直面するとともに、自然災害に対応する警報システムの導入や維持計画の運用に失敗しているのです。2004年に発生したスマトラ島沖地震にともなう津波で、およそ28万人が死亡しました。この津波の後に導入された警報システムは、維持に失敗した典型的なケースです。システムは3、4年間は稼働していましたが、整備がなされず、現在では多数の観測用ブイが行方不明になるか故障しています。

　世界リスク報告の作成に携わったシュトゥットガルト大学のヨルン・ビルクマン教授は、「自然災害が大惨事を引き起こすかどうかは、各国の脆弱性（どれほど被害をうけやすいか）に大きく左右される」と述べています。例えばアメリカが台風の直撃を受けて被害が生じたとしても、大惨事にはならないでしょう。しかしフィリピンを直撃した場合には、多数の人々が危険な状況に陥ると考えられます。この点が明確に示されているのがアフリカです。マップではアフリカのほぼ全域が明るめの緑色に塗られており、同地域が自然災害にきわめて脆弱であることを示しています。最も可能性が高いのは干ばつですが、干ばつは事前に十分な蓄えと準備をしておけば、被害を最も軽減しやすい「自然」災害なのです。そのため、同じように干ばつの脅威にさらされている隣り合った国々

バヌアツ **36.28%**

トンガ **29.3%**

グアテマラ **19.88%**

バングラデシュ **19.17%**

26.70%
フィリピン

2016年の報告で最も自然災害に弱いとされた5か国。示された数値（世界リスク指標）は災害への備え、どれほど災害にさらされているか、脆弱性の3つの視点から算出された。

であっても、「自然」災害に対する脆弱性が大きく異なる（マップの色が異なる）結果になっているのです。例えばハイチとキューバ、イエメンとサウジアラビアは、いずれも同じ災害のリスクを抱えていますが、脆弱性は大きく異なっています。

　しかし防災予算を増やし教育を充実させたからといって、自然災害がなくなるわけではありません。日本は世界に比類がないほどの備えをしていますが、依然として自然災害の脅威に直面しています。大勢の人々が備えを固めても、被害を軽減できるだけで、大地震そのものをなくすことはできないのです。いかなる国も、母なる自然の力の前にはたちまち膝を屈することになります。平均すれば、自然災害は1年に6万8,000人の命を奪い、2億1,800万人を超える人々に被害を与えています（1994年から2013年の統計）。沿岸部や大都市など自然災害の被害を受けやすい地域の人口が増加し、気候が変動し、天然の防壁（沿岸部の砂州や湿地）が減少しているため、被災者数は増加するだろうと予測されています。

　さらに、これまでにはなかった状況が被害を拡大させる恐れがあります。その1つとして懸念されるのが高齢化です。世界的な人口動態から見て、災害弱者となり得る高齢者の増加が予想されているのです。2010年から2040年にかけて、発展途上国の65歳以上の高齢者数は3倍になると考えられており、新たな防災の課題になっています。

自然災害に対する脆弱性

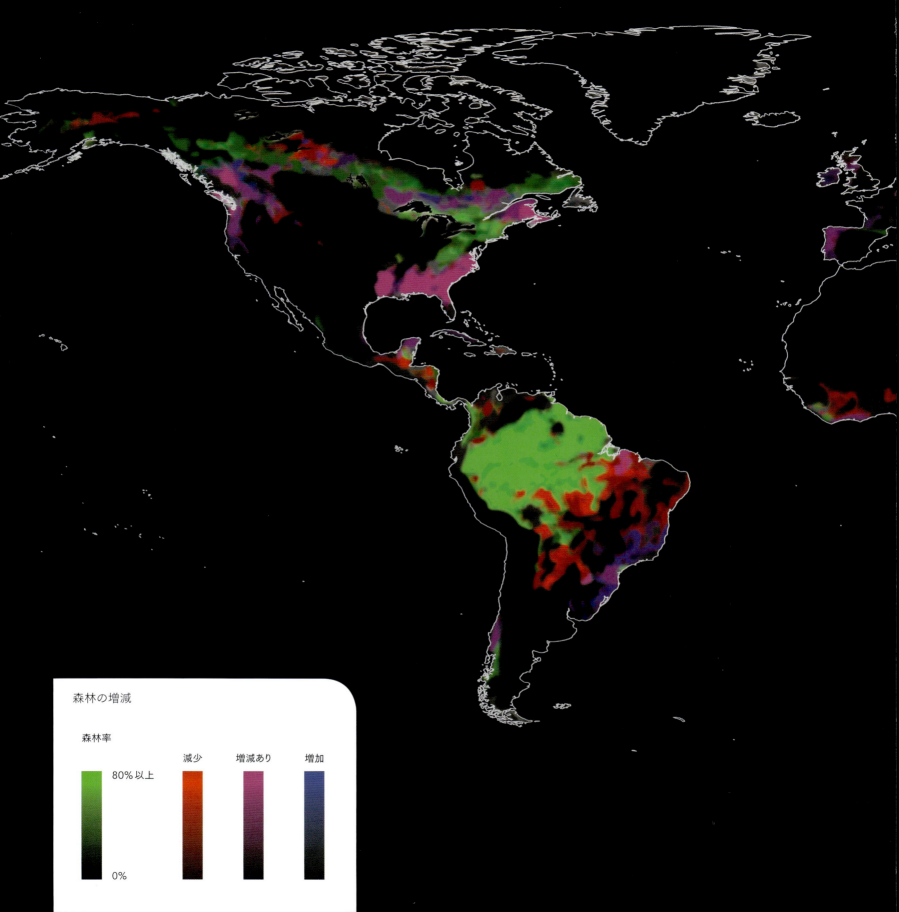

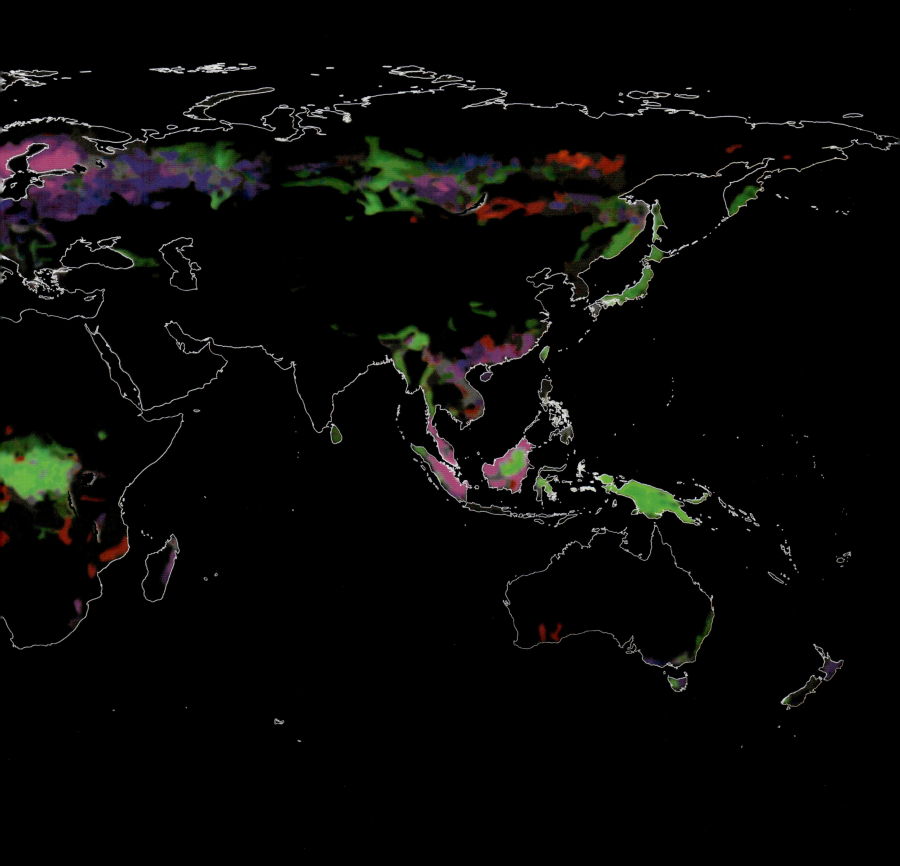

森林の増減
FORESTS: LOSS AND GAIN

　少しずつですが、森林破壊が世界的関心事になりつつあります。しかし、残念ながらマップの色分けが示しているように、まず問題意識を持ち始めたのは森林破壊が深刻ではない地域の人々なのです。赤色の部分は森林が減少した地域、青色は増加した地域です。北アメリカ、ヨーロッパ、ロシアのそれぞれ一部で森林の再生が図られていますが、地球上で最も多様な生物が生息する熱帯地域では、森林の急速な喪失が現在も進行しているのです。この衝撃的なマップは、2000年から2012年までの各年に実施された人工衛星による観測データをもとに作成しています。この期間におよそ230万平方kmの森林が失われる一方、およそ80万平方kmの森林が増加しました。森林が増加した土地の大半は、森林の伐採跡か放棄された農地でした。特にロシアで、このような事例が目立っています。

　このマップの原型を作成した衛星観測の専門家チームは、見事な調査結果をまとめています。その綿密な調査結果によって、森林保全政策がどれほど成功しているかを確認できるのです。ブラジルでは明らかに森林が失われている地域がありますが、同時に森林が増えている地域もあり、保全政策が機能していることがわかります。南アメリカで特に広範囲の森林破壊が起きているのが、中央部に位置するボリビアです。またアフリカの西部および中央部の国々でも、森林破壊が深刻な状況です。

　マップの紫色の部分では、森林の減少と増加が同時に起きています。これは伐採しては植林するというサイクルが継続しているためで、通常、林業が盛んな地域がこの色になります。調査チームのリーダーを務めたマシュー・ハンセンは「フィンランドとスウェーデンでは、森林の減少と増加が繰り返し起きています。イケアのような企業の活動の結果です。林業が文化として根付いているのです」と述べています。北アメリカでも同様の現象が認められます。アメリカとカナダ両国の南東部と北西部には、植林と伐採の両方が集中的に実施されている地域が広がっています。

2000年から2012年にかけての森林の増減量

　なお、このマップでは、森林破壊の深刻さがはっきりと示されていないという意見があります。マップを作る際に、樹木は「高さ5m以上の植物」と定義しています。そのため、森林伐採後に油ヤシ、ゴム、ユーカリなどを植えた単一栽培の農園（プランテーション）であっても森林として扱っているのです。「プランテーションを森林とすれば、絶滅が危惧される植物と、絶滅の原因を作っている植物を混同してしまう」という批判もあります。これに対し、ハンセンらのチームは、その樹木が環境にとって良いか悪いかの判断はしていない点を指摘するにとどめています。この指摘は公平なものであり、マップがそのような基準で作られたということは心に留めておくべきでしょう。先ほどからの批判は、自然環境を表すマップには、たいていの場合、何らかの仮定や基準が設定されていることを再認識させてくれます。森林が増え木々が成長することは、とにかく良いことだと考えてしまいます。一般論としてはそれで正しいのですが、あくまでそれは「一般的に言えば」という域を出ていないのです。

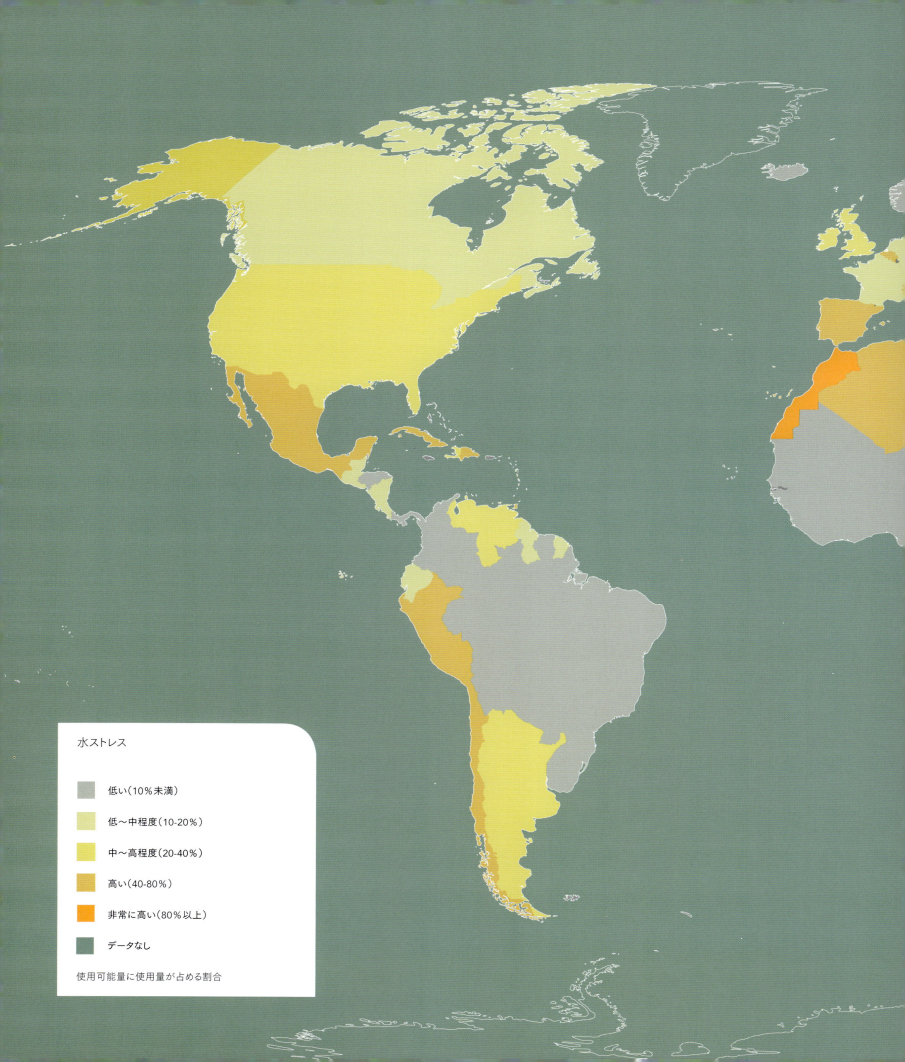

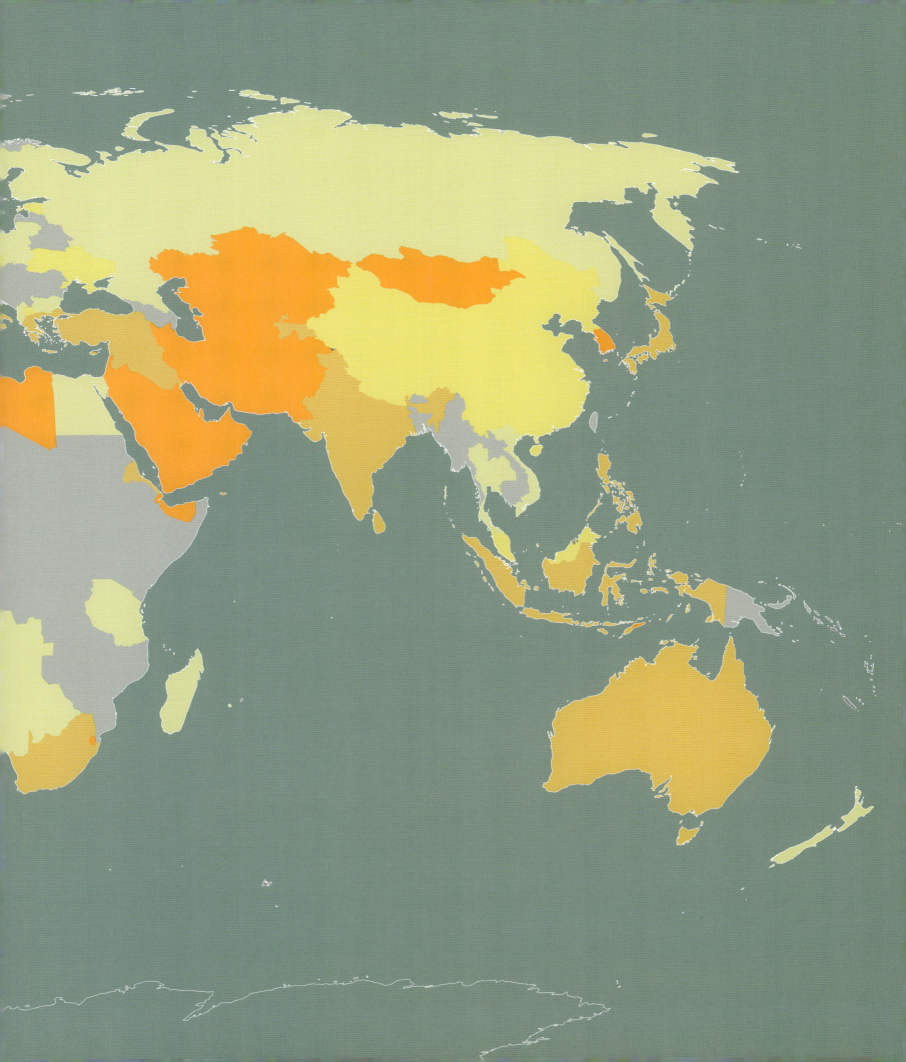

水ストレス
WATER STRESS

　水は最も重要な資源であると同時に、次第に減りつつある資源でもあります。「水ストレス」という言葉が、現在のこの状況を簡潔に表現しています。水ストレスは、水の使用量を使用可能量で割った比で表します。使用可能量が少なく使用量が大きいと、この値が上昇し、水ストレスが高いことになります。マップの作成に用いたデータは、世界資源研究所が2013年にまとめたもので、アフリカ西部と東部を大規模な飢饉(ききん)と干ばつが襲う前のものです。マップを見ると、南アメリカのチリからメキシコにかけて、地中海沿岸諸国、中東と中央アジア全域からインドにかけて、インドネシア、そしてオーストラリアまで、ストレスが高い（パーセンテージが高い）地域が連なっているのがわかるでしょう。水ストレスは大きな問題であり、21世紀に深刻な危機をもたらすと思われます。

　水ストレスに悩まされていない国々は少なく、例えばブラジルやアフリカ中央部などの赤道諸国です。大河が流れ、広大な国土のわりに人口が少ない国々です。だからといって、これらの地域で十分な水の供給が行われているとは言えません。サブサハラアフリカ（サハラ以南のアフリカ）では、多数の人々が「経済的水不足」に耐え忍んでいるのです。経済的水不足の理由は、シンプルな水道サービスすら行われていないことです。豊富な水資源を利用するための水道管ネットワークなどのインフラがまったく不十分なのです。

　水ストレスの問題では、すべての水ではなく、塩分が含まれない淡水が資源として扱われます。地球上では97％の水が海洋に存在します。海水を含めれば水であふれていますが、淡水は不足しているのです。淡水は少なく、かといって海水から塩分を人工的に除去するには、多額の費用がかかります。

　海水と淡水を混ぜて使うという工夫をしている地域もあります。香港では1950年代に海水と淡水を別々に供給する水道網を整備したため、住民がトイレで使う水の80％を海水でまかなっています。しかしこのような工夫が、いかなる地域でも可能というわけではありません。水ストレスに対する簡単な解決方法はないのです。

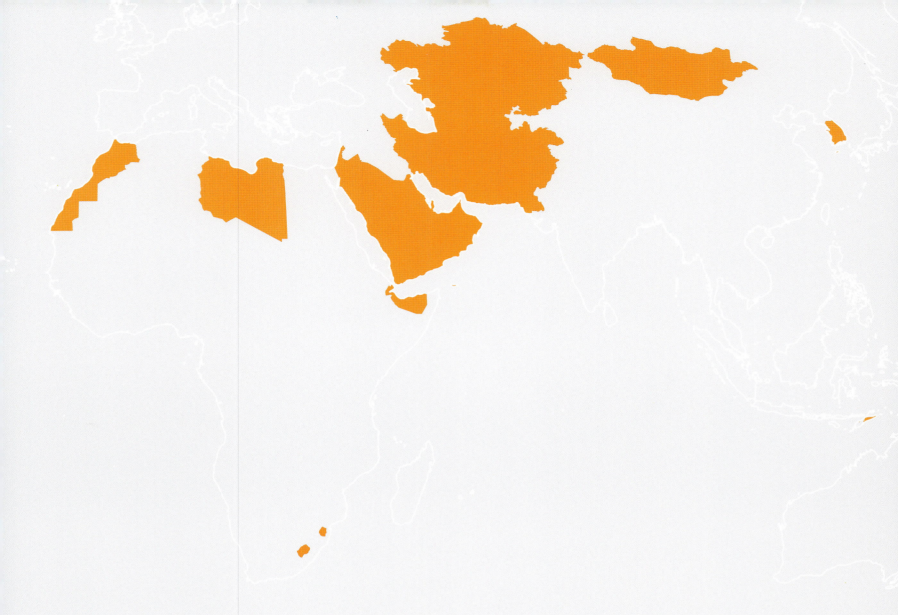

渇きにあえぐ地域。オレンジ色に塗られた国々は水ストレスが特に高い（2013年のデータ）。

　水ストレスが大問題になりつつある原因はさまざまです。気候変動によって降水量が増える地域がある一方で、それ以外の地域の大半で降水量が減っているのです。特に穀倉地帯の多くで降水量が減少しています。そして人口増加が起きている地域は、すでに水不足に陥っている場合が多いのです。中東とアフリカ北部には世界の人口の6.3％が集中していますが、世界で安定利用可能な水のうち1.4％しかないのです。この地域が世界で最も水不足に悩まされているのも、不思議なことではありません。

　中東とアフリカ北部での最大の水の使い道は、飲用ではなく農業です。他の地域と同様、中東では灌漑で大量の水を必要とします。世界の淡水の使用量の90％以上は、農業が占めているのです。特に水を必要とする小麦、米、トウモロコシなどの穀物栽培で27％、酪農以外の畜産で22％、酪農で7％という具合です。栽培時に水の使用量が少ない作物への転換や、キビやソルガムなど干ばつに強い作物の植え付けを推進する必要があるでしょう。

水ストレス　29

パンゲア・ウルティマ大陸

パンゲア・ウルティマ大陸
PANGEA ULTIMA

　パンゲア・ウルティマ大陸は過去の話ではなく未来の話です。3億年前には存在したとされる超大陸は、パンゲア大陸と呼ばれています。パンゲア大陸は分裂し、現在のような各大陸の配置が出来上がりました。ですが海洋や陸地の下にある巨大なプレートの動きが止まったわけではありません。それぞれのプレートの過去の動きから、未来にどのように大陸が動くのか、おおまかな予想ができます。現在、分裂している各大陸は、再び1つに合体してパンゲア・ウルティマ大陸という超大陸になるのです。

　およそ3億年後、現在の大陸は再び合体し、一緒に動くようになります。私たちのはるか未来の子孫たちは、陸続きとなったかつての南極大陸、オーストラリア、アジア、南アメリカを自由に移動し、それらに囲まれた巨大な内海の絶景を眺められることでしょう。

　未来の超大陸については他にも説があり、アメイジア大陸やノヴォパンゲア大陸という呼称もあります。いずれも1つの超大陸にまとまるという点では共通しています。プレート同士の衝突で地表が盛り上がるため、大陸がつながる部分には新しい山脈ができるはずです。

　最終的にどのような超大陸になるにせよ、近い時期に何が起きるかについてはある程度確かな予測がなされており、いずれも似た結果を示しています。ヨーロッパ南部に接するアフリカプレートは、ユーラシアプレートと何百万年間も衝突し続け、アルプスとピレネーの山脈を形作ってきました。今後もこの動きは続き、およそ5,000万年後には地中海が消滅し、アルプス山脈は押し上げられ、現在のヒマラヤ山脈に匹敵する高い山々が連なる山脈になるでしょう。

　プレート同士が衝突する場所では、山脈の隆起といった劇的な出来事が起こります。ジグソーパズルに例えると、現在の大陸の1つ1つをピースにして、それらをくっつけて並べたのがパンゲア・ウルティマ大陸です。形がいささか不格好なのは、間違いでも手抜きをしたわけでもありません。大陸はマントル（地殻のすぐ下の層）の上に浮かんでいます。そして、このマントルの中で起こる動きが、地質学的な変化を生んでいるのです。もし大陸がこの動きによって上下に大きく動かされないとすると、大陸同士がぶつかる部分では変形が起きますが、それ以外の場所ではたいした変化はありません。大陸の形状や山脈などの特徴的地形は、わずかな浸食を受ける以外、長期に渡って姿を変えないことになります。

　パンゲア・ウルティマ大陸は、テキサス大学で地質学を研究していたクリストファー・スコティーズ博士が提唱しました。この超大陸の奇妙な形状につい

不思議な一致。アングロサクソン図と呼ばれる地図（1025〜1050年頃作成）が描かれた頃、世界は大きな1つの大陸からなると信じられていた。この地図は上が東になっており、ブリテン諸島は左下に位置している。

て博士は「パンゲア大陸には似ておらず、巨大なドーナツ、あるいはベーグルのようだ」と考え、名前をつける際に「ベーグリアやドーナティアも候補にしたが、それでは大陸が動くという事態を矮小化してしまう」と考え直したといいます。最終的に「パンゲア・ウルティマ」としたのは「高級車の名前のように洒落ているから」だそうです。一方で博士は、この名前に大陸移動が終わった「最後のパンゲア」というニュアンスを込めていました。ウルティマは「最終的」という意味なのです。「大陸の移動が終わることはないでしょう。けれども私の思考がたどり着けるのはパンゲア・ウルティマまでです」と博士は述べています。

　パンゲア・ウルティマが出来上がった後、超大陸は再び分裂することでしょう。そして分裂した大陸が組み合わさり衝突することで、さらに新しい超大陸が姿を現すのです。大陸が行きつ戻りつし、他の大陸に押しつけられたり引っ張られたりする。まさに地球は「生きている」惑星なのです。

パンゲア・ウルティマ大陸　　33

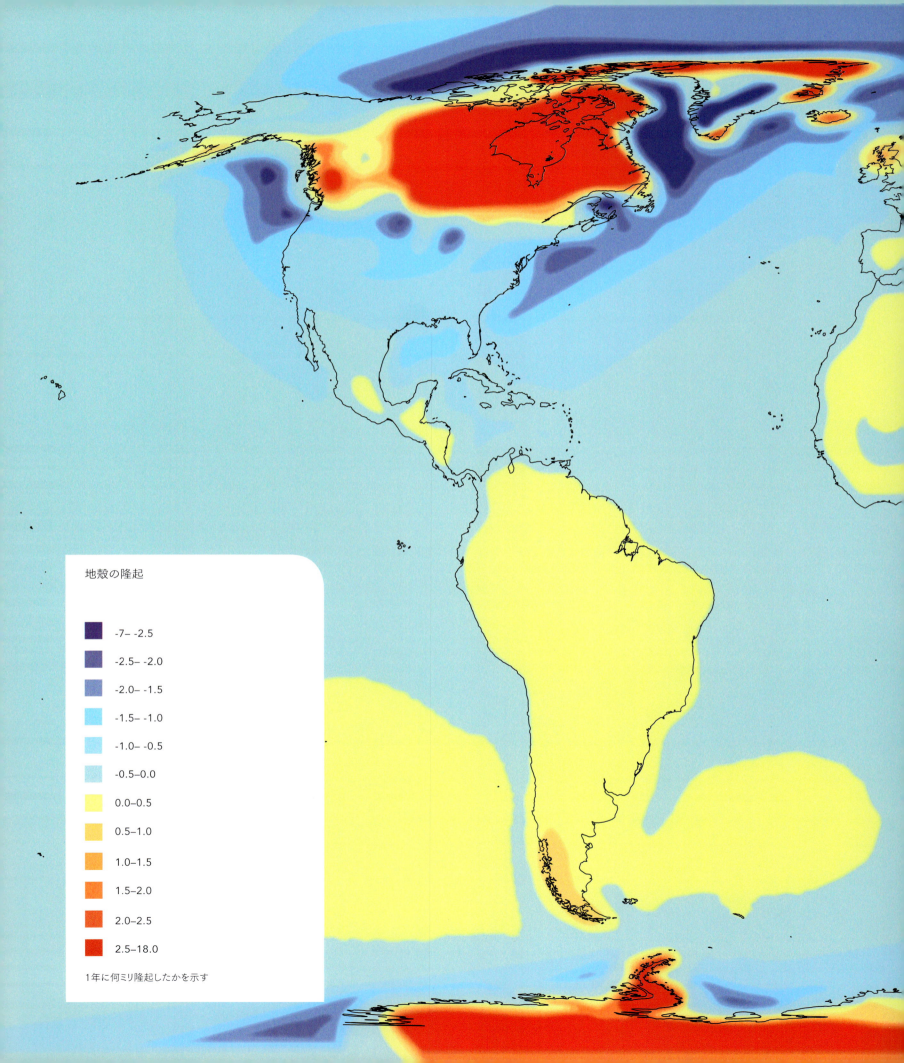

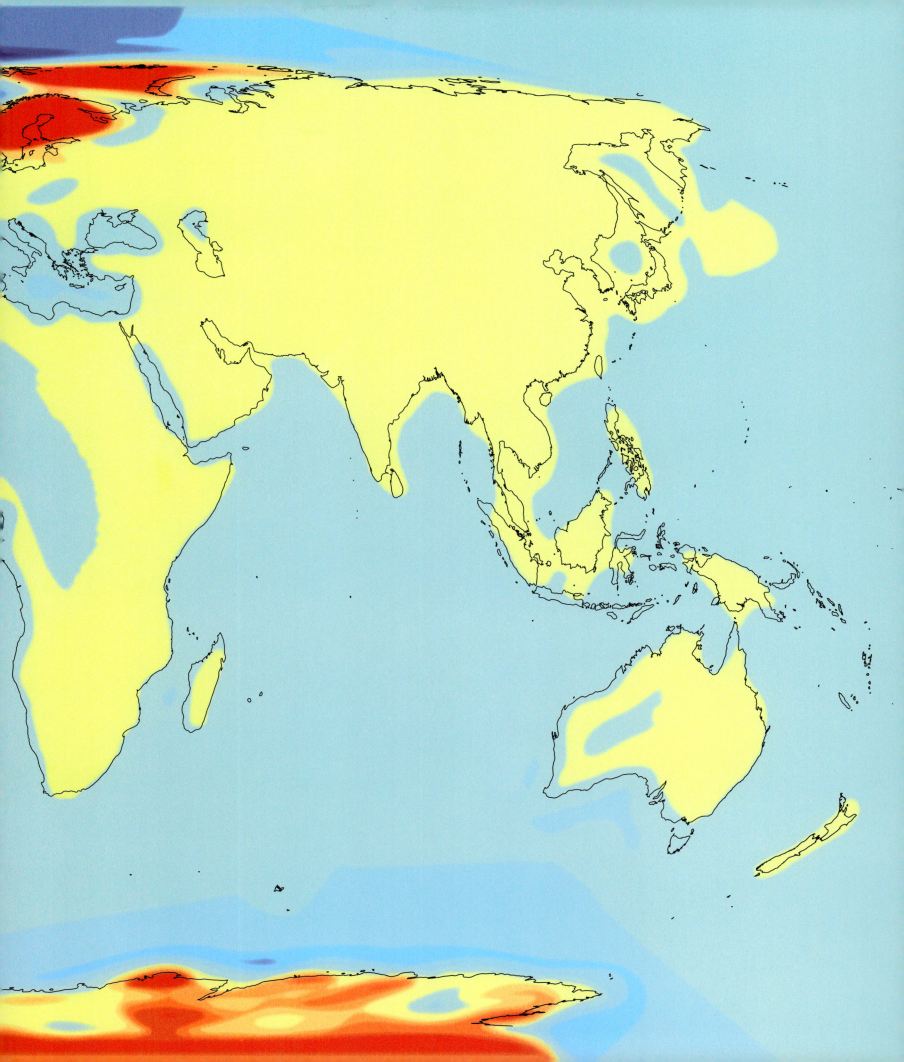

地殻の隆起 REBOUNDING LAND

　マップ上で赤とオレンジに塗られているのは、地殻が隆起している地域です。一方で沈降している地域もあり、地殻の重大な変動を示しています。およそ2万年前には、厚さが3kmにおよぶ巨大な氷床がヨーロッパ北部や北アメリカ、南極大陸をおおっていました。氷の重さで、地殻は最大0.5km押し下げられていたのです。氷床の上に突き出ていた陸地もあり、その高さは300mを越えていました。現在では大半の氷が消え去り、地殻の再調整が進んでいます。

　このマップでは隆起の度合いを1年に何mm隆起するかで表しています。最も濃い赤で塗られた地域は年間18mm隆起し、紺色に塗られた地域はマイナス2.5mm、つまり年間2.5mm沈降しているのです。これらの値は人間の感覚では非常に小さく、隆起も沈降もゆっくりと進んでいるように感じます。しかし地質学的には劇的な変化——濃い赤の領域の平均値は18mmよりはるかに小さいとしても——が起きているのです。隆起によってどのような影響があるかはすでに明らかです。スカンディナヴィア内陸部に「島」や「岩礁」という意味の地名があります。そのような場所は以前は水に囲まれていたのですが、一帯が隆起した結果、現在では森や牧場に囲まれた小さな丘になっています。

　地殻の隆起によって、スウェーデンとフィンランドの間に位置するボスニア湾は徐々に閉じています。隆起は速いスピードで進んでおり、ボスニア湾沿岸のクヴァルケン諸島周辺は、「顕著な地質学的および地形学的特質を持つ」という理由でユネスコに世界遺産として登録されているほどです。ユネスコによれば隆起の速さは「世界で類を見ないほど」であり、「いずれ島々が海面に現れてつながり、現在ある半島は拡大する。湾の一部は孤立して湖となり、さらに沼地や泥炭湿地へと変化するだろう」と説明しています。この隆起と対をなす沈降は、はるか遠くのヨーロッパ南部で起きています。

　国土の中に隆起している場所と沈降している場所の両方を抱えている国もあります。イギリスでは、過去に氷に覆われていたスコットランドとイングランド北部が隆起し、イングランド南部が沈降しています。またマップを見ると想像がつくように、カナダとグリーンランドには巨大氷床が集中していました。現在ではこれらの地域が隆起し、アメリカの大半が沈降している状況です。ただし、北で隆起したから南で沈降するというように、シーソーのような単純なメカニズムが働いているわけではありません。マップを眺めると、急速に隆起している地域の周りを急速に沈降している地域が取り囲んでいるケースが見つかります。氷河を専門とする地質学者が「フォアバルジ」と呼ぶものです。氷

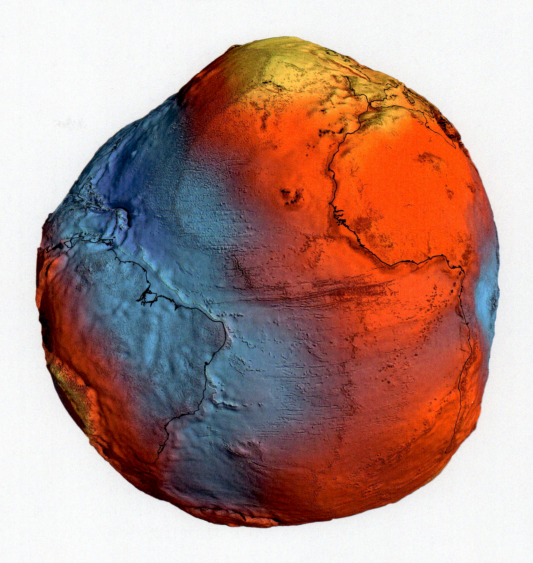

さまざまな力が合わさって地球の形が変化している。このモデルは2011年につくられたもので、海面が地球の重力と自転の影響を受けていることを示す。赤い部分に加わる力は大きく、青い部分に加わる力は小さい。

床に隣接する地域で、一時は隆起しますが、氷床が無くなると一転して急激に沈降するのです。

　プレートの境界に見られる造山活動や沈み込みは、このマップでは考慮されていません。マップは氷床の消滅によって引き起こされた隆起と沈降だけを示しています。このような大規模な地殻変動に対して、人間が影響を与えることはできません。ですが、ヨーロッパ西部と中央部、アメリカなどで進行している海面上昇の問題を悪化させる可能性については、理解しておく必要があります。

　また地殻が隆起している地域では、土地所有に関する現実的な問題も発生します。海の中から現れ、新たに増えた分の土地は誰の所有物になるのでしょうか。通常は、沿岸に土地を持っている人（または国）ではなく、その海域を所有する人（国）のものになります。ただし、次第に海の中に沈みつつある土地の所有権については、それほど明確に定まっていません。地殻の沈降によってある国の海岸線が後退しているなら、その国は海岸線を維持するための埋め立てを開始するか、あきらめて領海を狭めなければなりません。

地殻の隆起

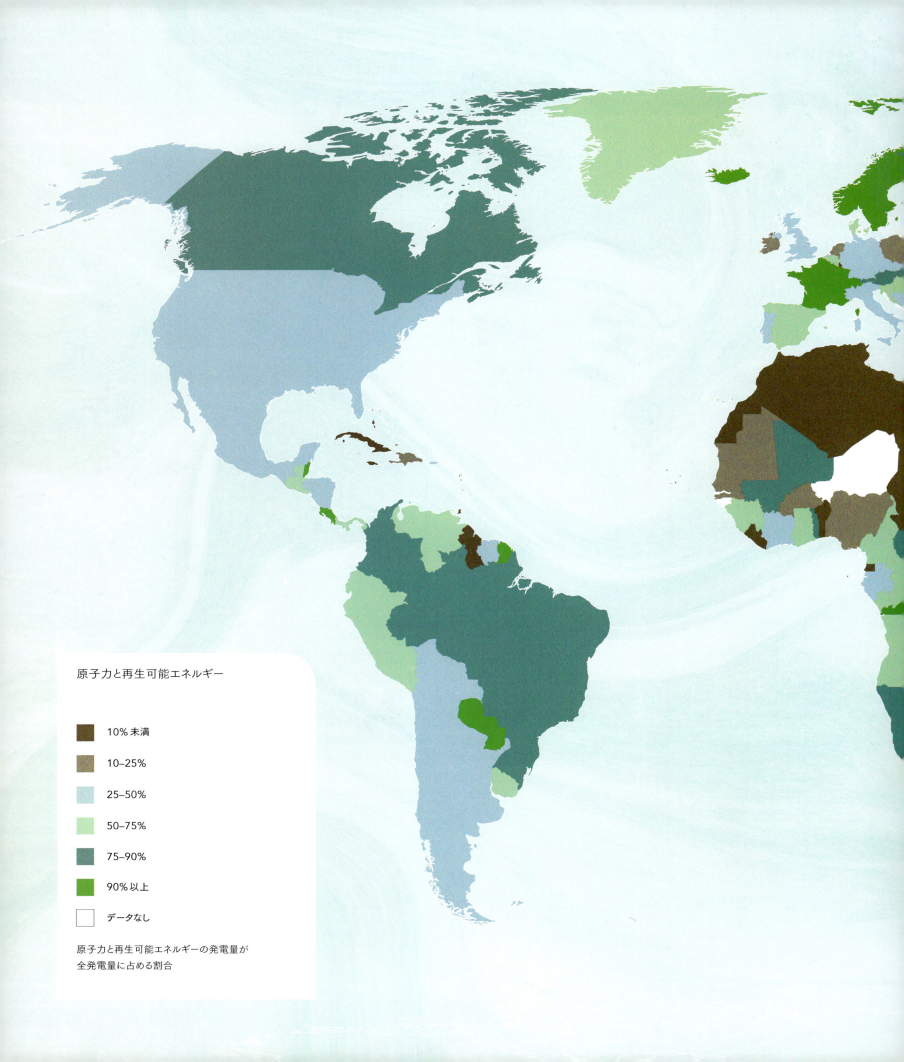

原子力と再生可能エネルギー

- 10% 未満
- 10–25%
- 25–50%
- 50–75%
- 75–90%
- 90% 以上
- データなし

原子力と再生可能エネルギーの発電量が全発電量に占める割合

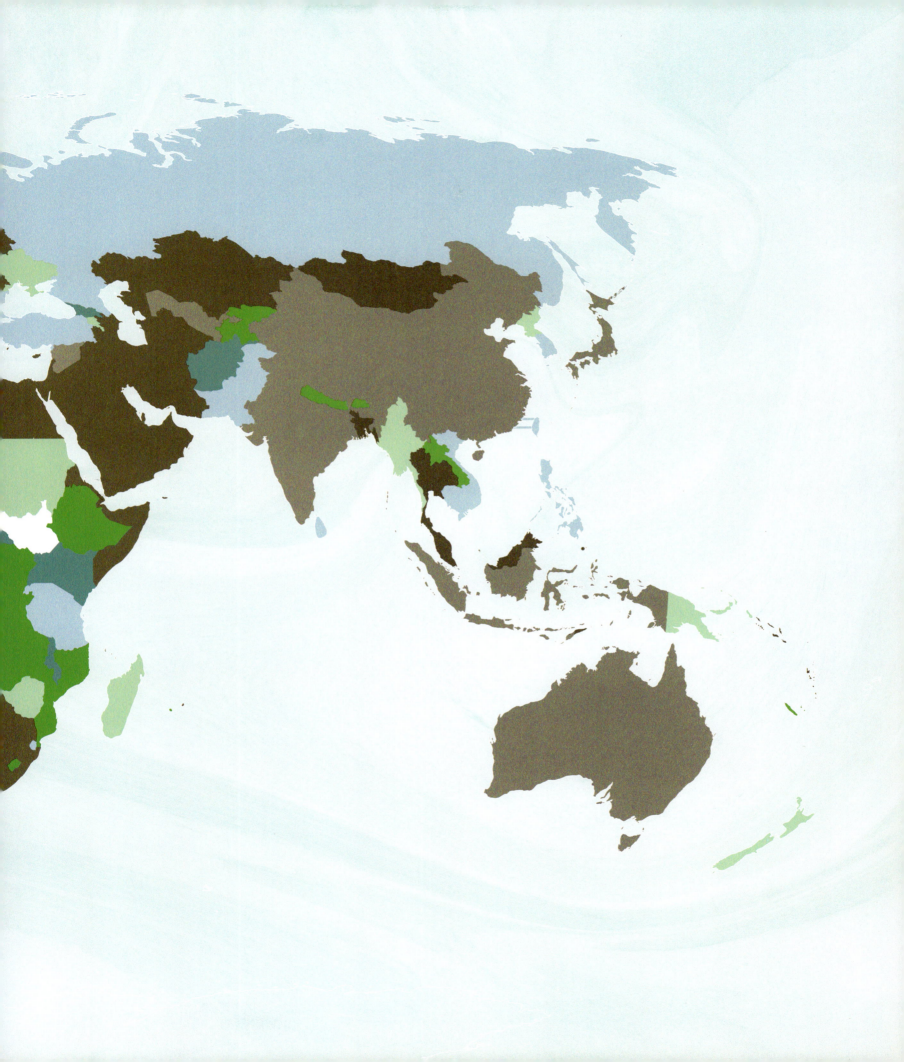

原子力と再生可能エネルギー
NUCLEAR ENERGY AND RENEWABLES

　世界全体として見ればエネルギーは足りていますが、エネルギーの効率的な供給が全世界で行われているわけではありません。マップを見ると、予想外の国で、原子力と再生可能エネルギーによる発電の比率が高いことがわかります。ノルウェー、スウェーデン、フィンランドは水力発電の比率が高いため緑色に塗られていますが、アフリカと南アメリカにも緑色の国々があるのはなぜでしょうか？　再生可能エネルギーというと太陽光発電などが注目され、水力発電は見落とされがちです。しかし水力発電は地道に実績を積み上げてきており、先進国にとっても、発展途上国にとっても、炭素排出量を減らせる有望なエネルギー供給源になっているのです。

　再生可能エネルギーの中でも、水力は最大のエネルギー供給源です。アメリカでつくられている再生可能エネルギーのうち、約95％は水力によるものなのです。パラグアイでは、電力のほぼすべてを水力でまかなっています。発電量が大きいため、内陸部に位置するにもかかわらず、パラグアイは発電量の90％を隣国に売電しているほどです。そのスケールは世界でもトップクラスです。エチオピアの場合は青ナイル川のダムによる水力発電で大半の電力需要をまかない、コンゴ民主共和国では発電量の95％以上が、首都キンシャサの南225kmにある2つの巨大なダムの水力発電によるものです。コンゴ民主共和国については、さらに発電量を増やせるとさえ考えられています。全世界の水力による発電量の13％を同国のダムで生み出せると見積もられているのです。同国には数百の太陽光発電システムが存在し、その上バイオガスによる大規模発電も可能だと考えられます。

　フランスの緑色が濃くなっているのは、水力発電ではなく原子力発電によるものです。ウクライナとハンガリーも、発電量の50％以上を原子力発電に頼っています。マップを眺めていてとても驚かされるのは、太陽光発電に適した国々の多くで再生可能エネルギーの割合が非常に低い点です。アフリカ北部と中東はいまだに石油に依存し、南アフリカ政府は、大規模な再生可能エネルギープロジェクトの推進に失敗しています。

　再生可能エネルギーの分野では変化が急速に起きるため、このマップには大規模プロジェクトのいくつかが反映されていません。中国では太陽光発電に巨額の投資を行い、2020年までに、国内で生み出すエネルギーの15％以上を化石燃料以外のエネルギー源でまかなう目標を立てています。気温が高く晴天が続くアフリカ北部で太陽光発電を行い、ヨーロッパに電力を供給しようという

陸、海、空

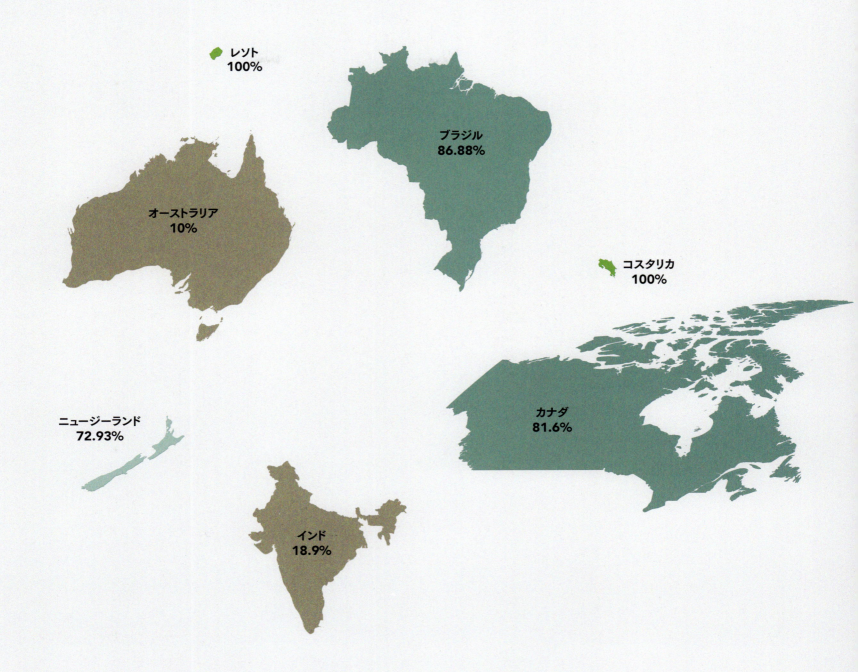

レソトとコスタリカは再生可能エネルギーですべての電力をまかなっている。オーストラリアなど、より豊かとされる国々の方がその割合が低い。

野心的な試みもあります。太陽から地球の砂漠地帯に降り注ぐエネルギーは、わずか6時間分で、世界の1年間のエネルギー消費量を上回ります。「砂漠の太陽エネルギー」は光熱費と炭素排出量を同時に低減させる一石二鳥の計画ですが、いくつもある計画はまだペーパープランの段階です。世界中で太陽光発電の推進が期待されていますが、水力発電の方がかなり以前から実用段階に入っており、大河や湖を有する国々の多くが、自然エネルギーの活用では一歩先を進んでいるのです。

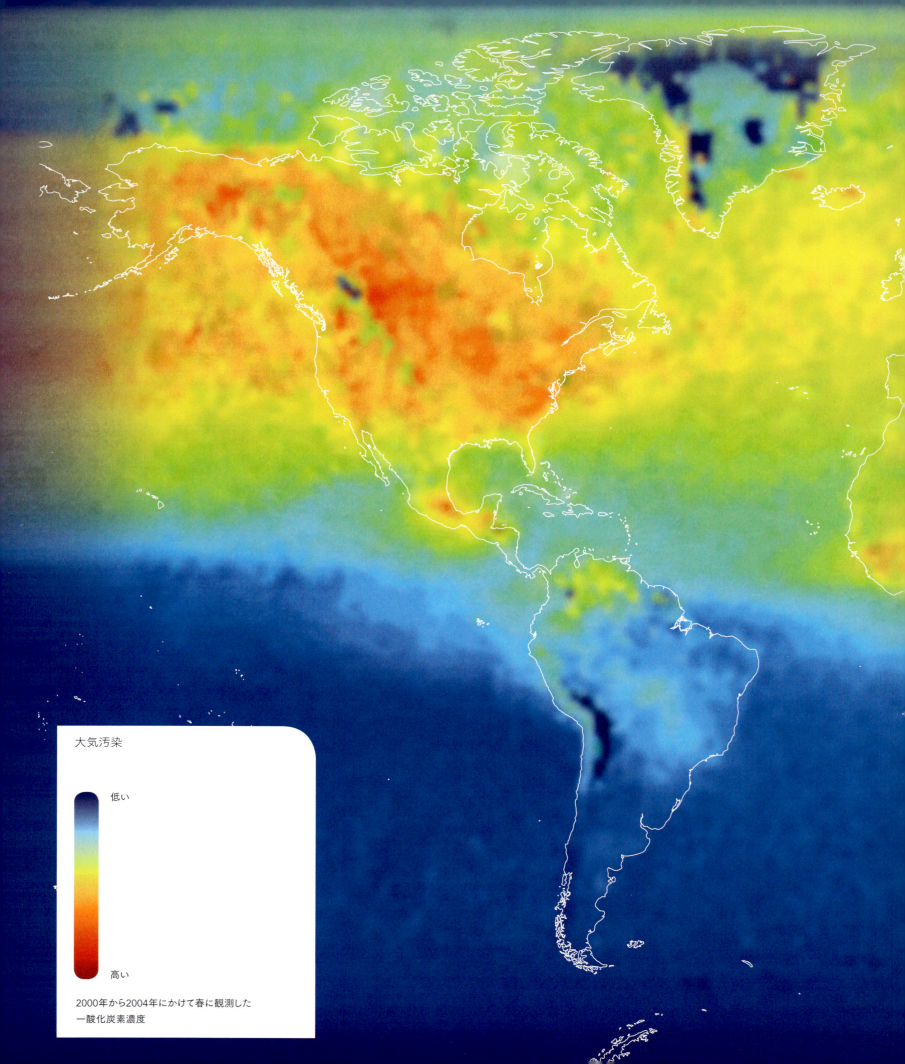

大気汚染

低い

高い

2000年から2004年にかけて春に観測した一酸化炭素濃度

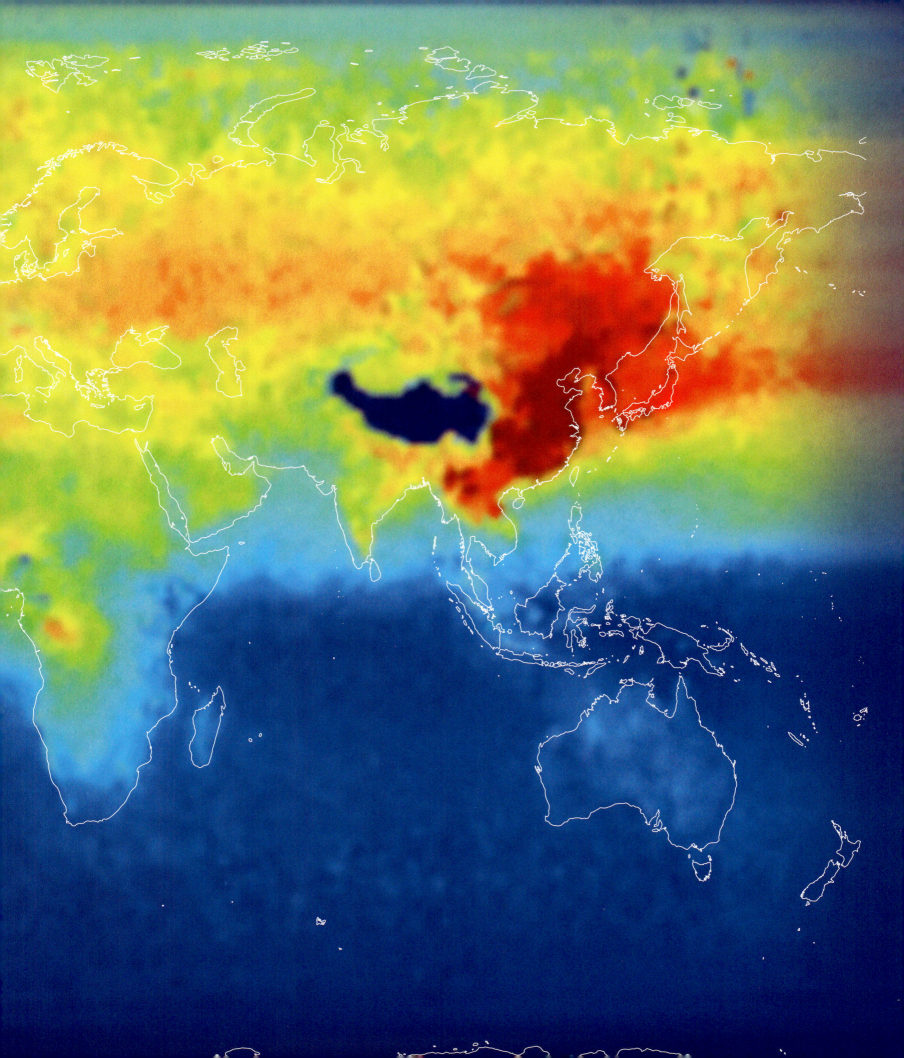

大気汚染
AIR POLLUTION

　一酸化炭素は常温常圧では無色無臭の気体で、人間にとって非常に有害です。不完全燃焼によって発生します。一酸化炭素の主な発生源は森林火災ですが、マップが示すのは、工場と都市から排出される一酸化炭素量が多いということです。東アジアが真っ赤に塗られているのは、この地域が世界の工場であることの証なのです。工場の集中だけでなく、膨大な数の自動車が走り回っていることも意味しています。

　このマップは、世界の一酸化炭素濃度を色で示したものです。人工衛星に搭載された各種の観測機器のおかげで、世界中の汚染状況を示すさまざまなマップが発表されています。例えばNASAの衛星に搭載された対流圏汚染観測装置（MOPITT）は、大気の観測を継続して実施し、4日ごとに644kmの幅でスキャンしたデータを地上に送信してくれます。汚染が深刻な地域を探したり、汚染対策の成果を確認したいときに、とても有益な情報です。

　衛星による観測が始まる前は、世界全体の状況を把握する術がありませんでした。研究者は、各地の入手可能なデータだけに頼らざるを得なかったのです。しかしMOPITTなら地球の周囲を回り続け、疲れることなく観測を続けます。もっと活用されてよいシステムです。わずか20〜30年前には、一酸化炭素のような有害物質が世界規模でどれほどの汚染を引き起こしているのか、ほとんどわかっていませんでした。しかし観測が可能となった現代では「知らない」という言い訳はできません。

　有害な一酸化炭素は、地形によってかなり変動し、季節によっても変化します。連続した観測結果を見なければ、複雑な濃度変化を把握できません。このマップでも、南アメリカとアフリカの両大陸の一酸化炭素濃度は問題がない水準だとしていますが、自動車が走っている限り、その場所で一酸化炭素が発生しているはずです。東アジアは常に真っ赤で、憂慮すべき状況になっています。MOPITTのデータでつくられた他のマップでは、ロシア、アフリカ、南アメリカ、オーストラリアで、突発的に高い一酸化炭素濃度が観測されています。

2000年から2014年の間に一酸化炭素濃度はおよそ20％減少した。単位は体積比10億分の1（ppbv）

たいていは森林火災や、特定の季節に行われる農作業（焼畑や野焼き）にともなうものです。

　なおMOPITTは悪いニュースだけでなく、良いニュースももたらしてくれます。2000年以降、地球全体では一酸化炭素濃度が下がり続けているのです。特に北半球で顕著で、環境にやさしい自動車が普及し、工場における大気汚染対策が進んだことで、日常生活において目に見える形で効果が現れてきました。中国でさえ、わずかですが一酸化炭素濃度が下がりました。ただし中国では別の汚染物質が増加していることが、衛星に搭載された他の観測機器によって明らかになりました。NASAが運用する衛星からの観測と汚染マップの作成によって、状況を把握し、具体的な対策を立てられるようになっているのです。

大気汚染

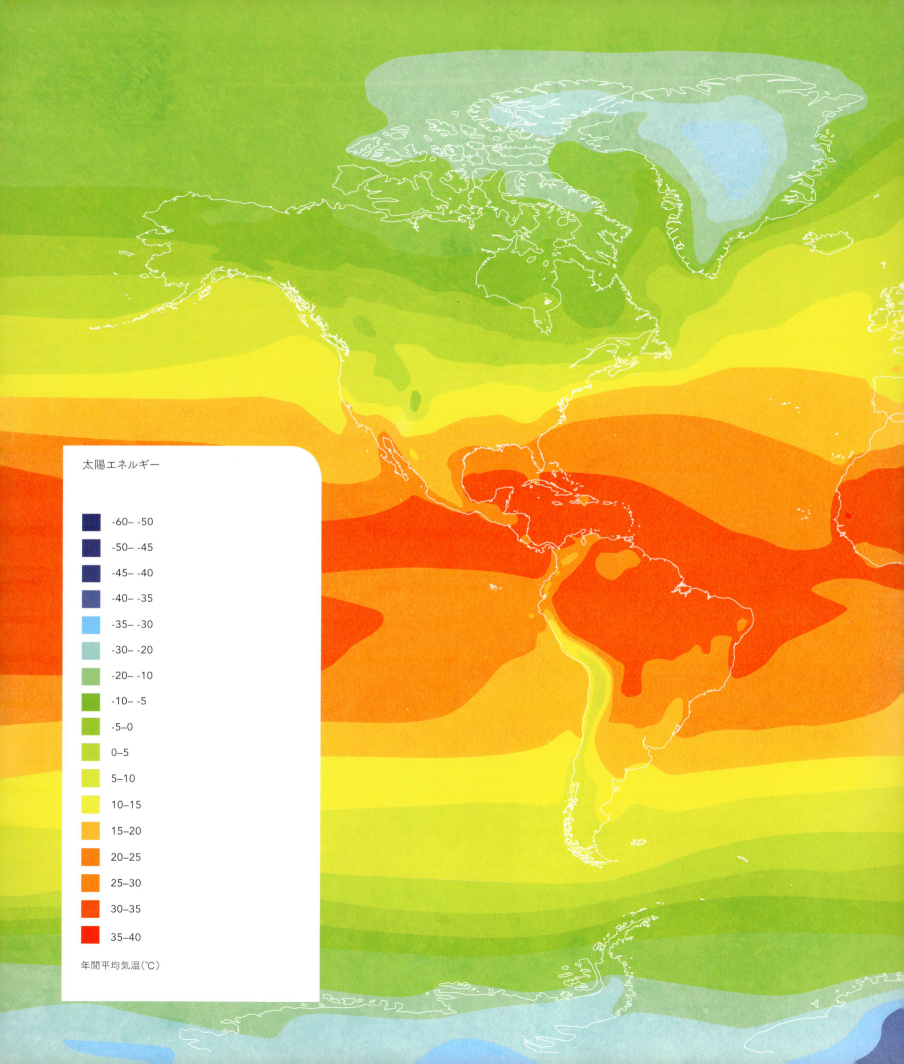

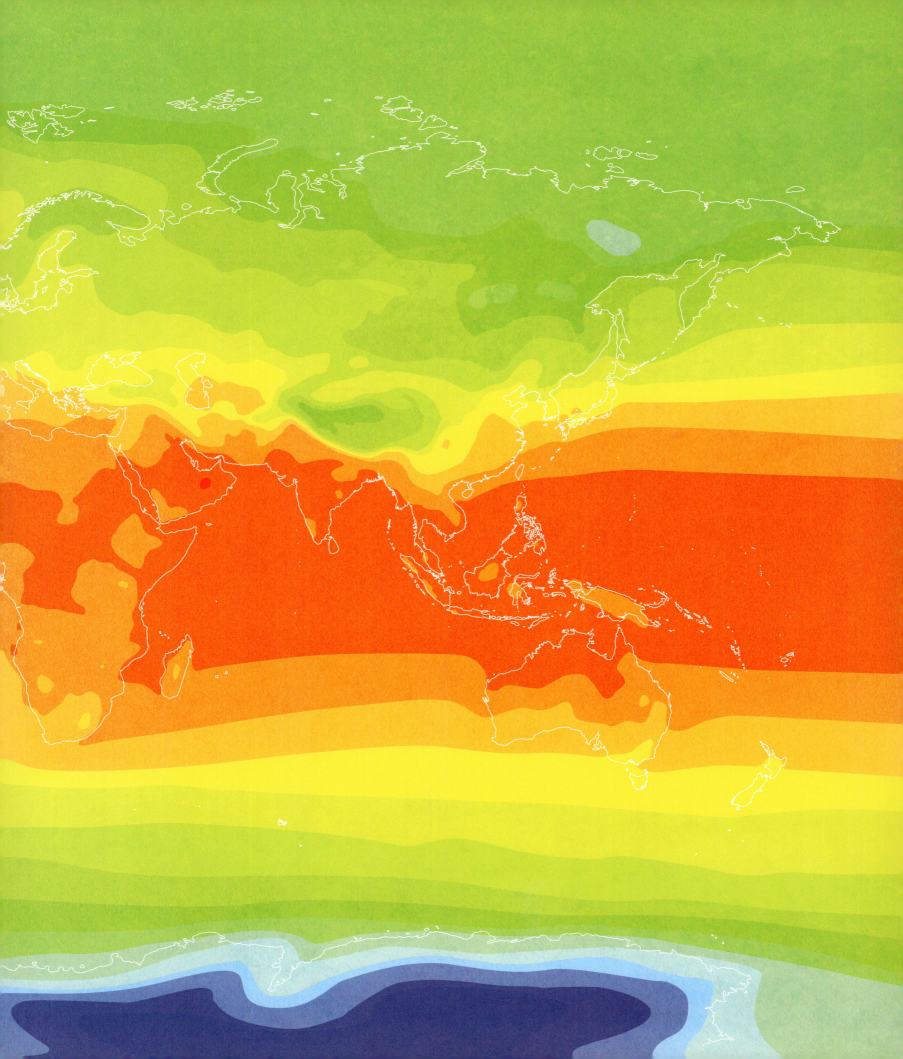

太陽エネルギー
SOLAR ENERGY

　太陽は地球に十分過ぎるほどのエネルギーを供給しています。毎年、人類が必要とする1,000倍以上のエネルギーを送り込んでくるのです。まるで虹のような色をしたマップは、世界の地表付近の年間平均気温を示しています。太陽エネルギーが陸地だけでなく海洋にも存分に降り注いでいることがわかるでしょう。インド洋から太平洋にかけて帯状の高温地域が続き、さらにアフリカ、南アメリカ、大西洋へと断続的にのびています。北極よりも南極の方が温度が低いことも目を引きます。

　気温のデータに影響をおよぼす要因の１つが、観測地点の海抜高度です。例えばサハラ砂漠と同じ緯度にあるものの、ヒマラヤ山脈とチベット高原（インドのすぐ北）の気温はサハラよりも低くなっています。山岳や高地の存在は、なぜアフリカと南アメリカの気温にバラつきがあるのかを説明するのにも役立ちます。

　海流の影響も見て取れます。温かい海水が高緯度の低温の海に、冷たい海水が熱帯の高温の海に流れ込んでいます。ブリテン諸島は、北半球の同緯度の地域に比べると温暖ですが、これは北大西洋を北上する海流によって温かい海水が運ばれてきているためです。逆にアフリカと南アメリカの西岸は、南極から北上する海流で冷やされています。

　気温に影響を与えるもう１つの要因は、卓越風の存在です。卓越風は、特定の地域に一定期間、決まった向きでよく吹く風のことです。例えばヨーロッパ北西部では南西からの風がよく吹きます。このためマップでは、ヨーロッパからノルウェー海に向けて黄色い突出部がつくられています。なお、マップは年間の平均気温をもとに描かれています。気温の変化の仕方に大きな違いがあっても、同じ色に塗られてしまっている点には注意が必要です。各大陸の内陸部は、夏冬で極端に温度が変化する場合があります。そのような地域と、海に面して温暖な地域（イギリスなど）の年間平均気温がほぼ同じということもあるのです。

太陽が地球に供給するエネルギーは、世界全体のエネルギー需要の1,000倍以上になる

1.5

太陽光発電を用いれば、サハラ砂漠のわずか1.5％の面積で世界のエネルギー需要をまかなえる

　気候変動とエネルギー供給にともなう危機を考えれば、太陽光発電への早急な取り組みを訴えるのに、このようなマップが用いられるのも不思議ではありません。世界のエネルギー需要は、サハラ砂漠に降り注ぐ太陽エネルギーのわずか1.5％でまかなえるというのです。サブサハラアフリカ（サハラ以南のアフリカ）では、電気が利用できる環境にある住民は30％ほどに過ぎません。電気が切実に求められており、潜在需要は莫大です。2016年、モロッコ南部で世界最大級の太陽光発電プラントが稼働し始めました。今後は規模を拡大し、2018年までに100万戸に電気を供給する計画です。世界でも特に人口が少ない不毛の地に与えられた太陽エネルギーが、ついに活用され始めたのです。

太陽エネルギー

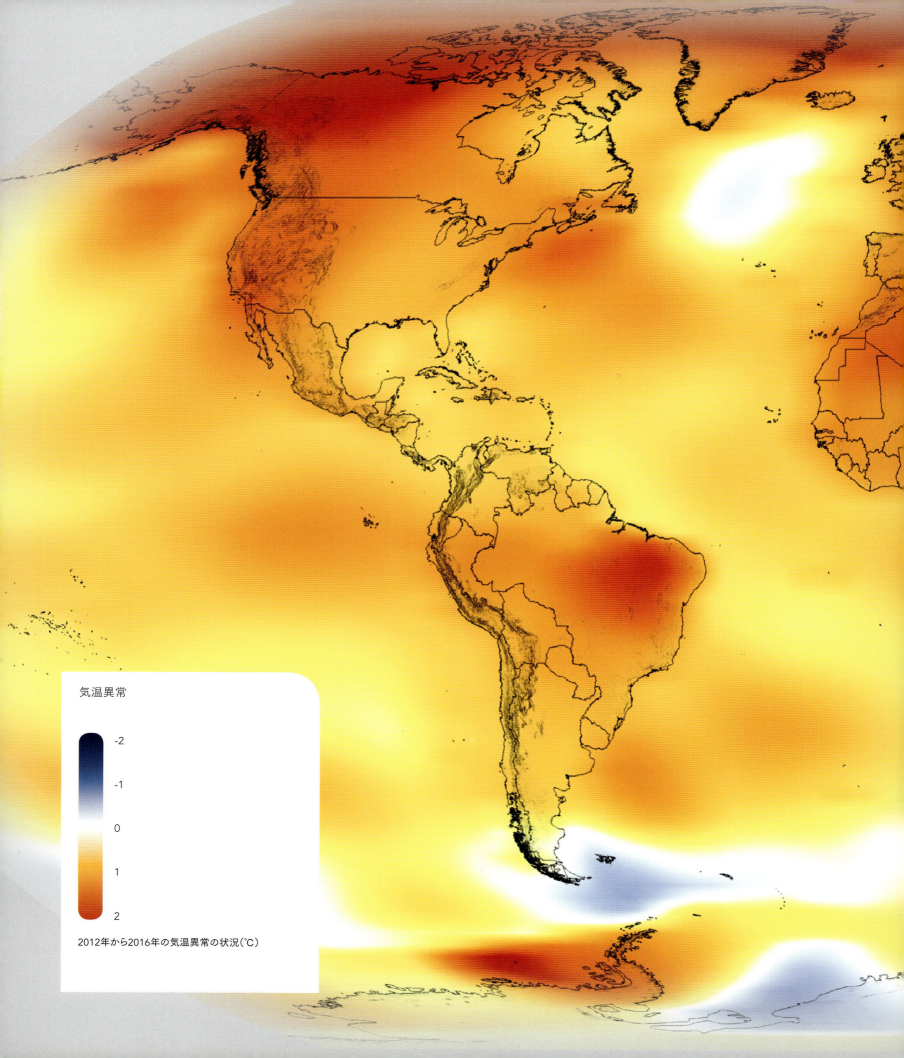

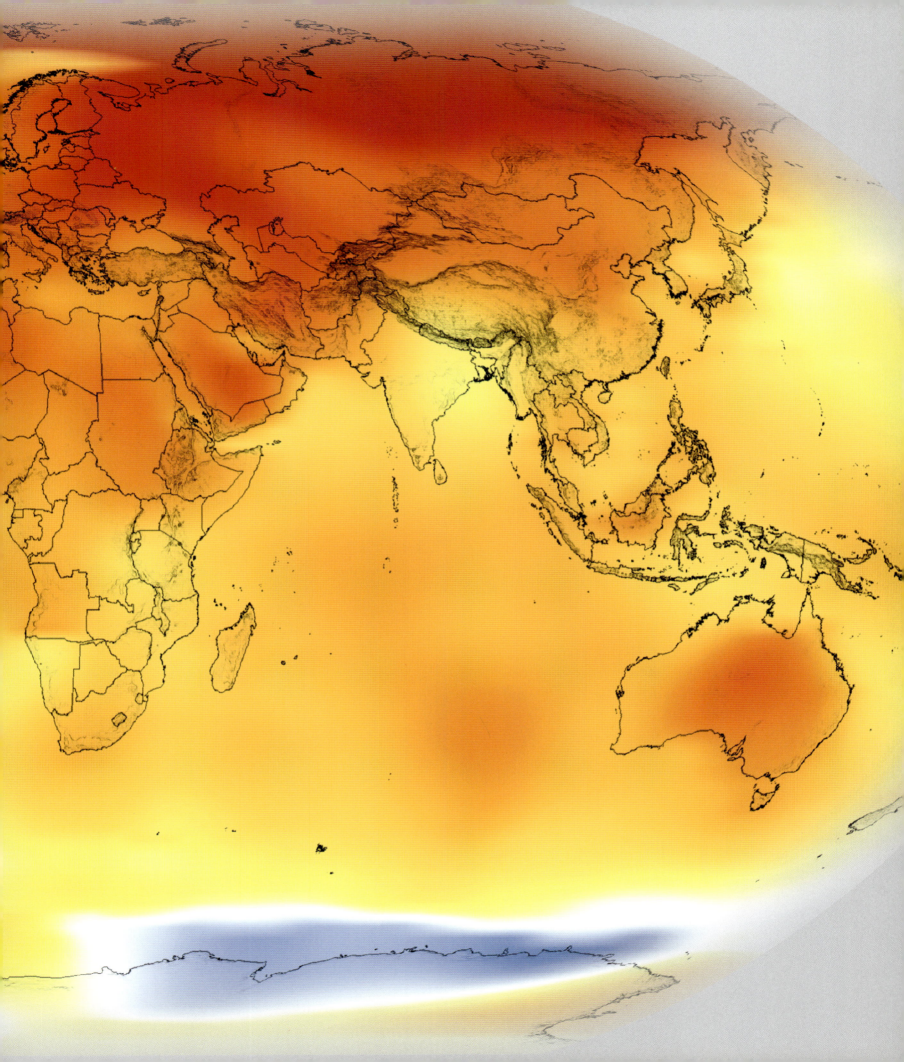

気温異常
TEMPERATURE ANOMALIES

　NASAのゴダード宇宙科学研究所でディレクターを務めるギャビン・シュミットは、「2016年の世界の平均気温は史上最高となり、これで3年連続の記録更新となる……毎年の記録更新を期待しているわけではないが、気温上昇の憂慮すべき傾向が続いているのは明らかだ」と述べています。2016年の世界の平均気温は、20世紀半ばの平均気温よりも0.99℃高かったのです。わずかな差に思えますが、上昇傾向が一貫して続くようになったと考えられます。1880年に記録が取られるようになって以降、平均気温が史上最高となった年は17ありますが、そのうち16は2001年以降なのです。2016年7月の世界の平均気温は、1880年以後のどの月の平均気温よりも高くなりました。その年の平均気温が、前年までの平均よりも低くなった最後の年は1976年です。

　マップは2012年から2016年の地表付近の平均気温の変化を示しています。1951年から1980年の平均気温を基準にして、高くなっている場合は黄色から赤色、低くなっている場合は青色に塗っています。

　渦巻のような形のオレンジ色の部分が随所にあり、気温が上昇傾向にあることを示しています。北側にはほぼ赤一色のエリアが広がり、南半球の一部に見られる青色の領域とコントラストをなしています。2016年は北極圏でも史上最高の気温となり、海氷が過去に例を見ないほど少なくなりました。ヨーロッパの大半から中東にかけて、またブラジル中央部やオーストラリアの大部分も濃いオレンジ色で塗られています。この中にはもともと暑い地域が含まれているため、気温の上昇はさらに過酷な状況をもたらします。例えばオーストラリアでは、世界の他の地域よりも気温が平均8℃も高いのです。このため干ばつの被害拡大と暑さによる家畜の死亡の2つが、国にとって重大な問題になっています。イギリスのように気温が比較的低い地域では、気温が上昇してもそこまで問題が拡大することはありません。

　マップには、薄いオレンジ色の中に濃いオレンジ色が島のように存在している場所があります。ここは暑い世界の中でも特に暑い、いわばホットスポット

2003, 2006, 2007	2012	1998	2009	2005	2013	2010	2014	2015	2016
0.61°C	0.62°C	0.63°C	0.64°C	0.66°C	0.67°C	0.70°C	0.74°C	0.90°C	0.94°C

記録を取り始めた1880年以降で、平均気温が高かった年の上位10位を挙げた。数値は20世紀の平均気温との差を示す。

です。またマップから浮かび上がる疑問点の1つは、南極大陸とその周辺海域の平均気温はなぜ上昇しないのかということです。それどころか平均気温が下がっているのです。1つの説は、海流と南極大陸の周りを吹く強風によって、南極大陸周辺が世界の他の地域の暑さから逃れられているというものです。1970年代後半から、北極では5万3,872平方kmの海氷が毎年消える一方、南極では平均して年に1万8,907平方kmの氷が増えていたのです。北極と南極は双子のようなもので、どちらも似た変化をするはずだと長年考えられてきました。しかし、この考えが誤りであることが次第にはっきりしてきました。両者はまったく異なる運命をたどるようです。

　マップのもとになっているデータは、NASAが世界中に張り巡らした気象観測機器網で収集したものです。温度を測る気象観測ステーションは6,300か所にのぼります。観測船、観測用ブイ、そして南極の観測基地からもデータを集めています。観測点の近くに、気温上昇の要因となる都市などが存在する場合には、データを補正し、その影響を取り除いてから分析します。

気温異常

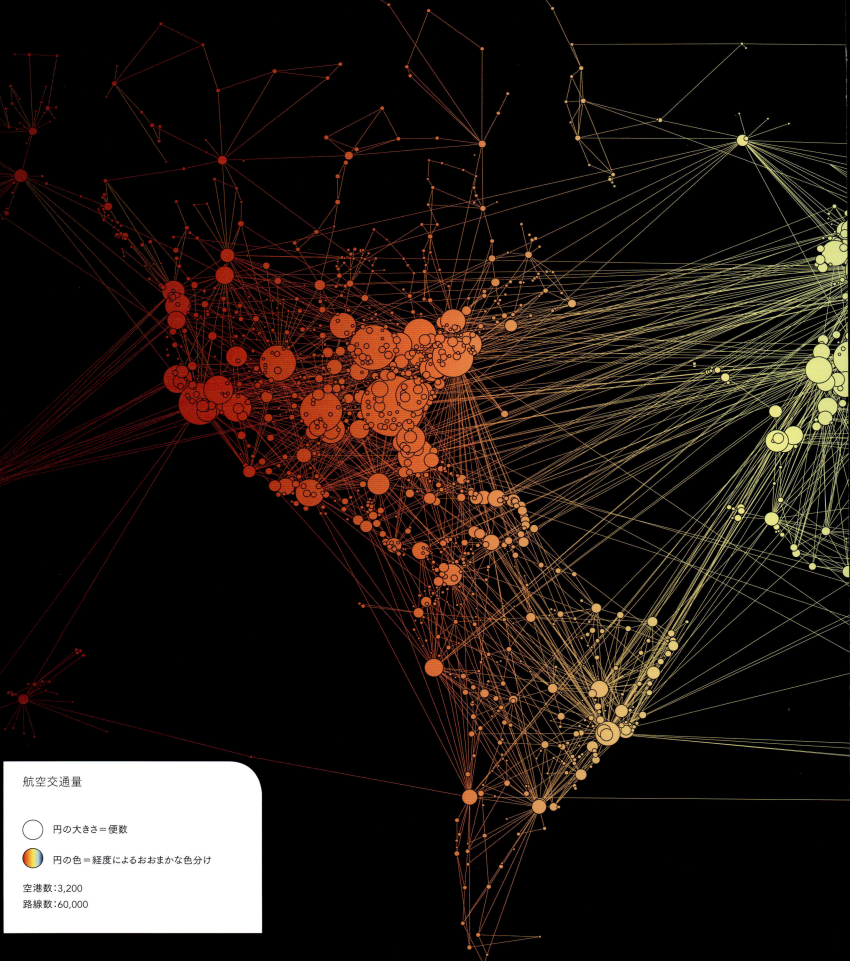

航空交通量
AIR TRAFFIC

　このマップには、世界中の航空会社が運航している路線網が描かれています。一部の地点には線が集中して特に明るく（あるいは濃い色に）なっていますが、線をたどるとやがて本数が少なくなり、ついには1本も線が引かれていない真っ暗な地域にたどり着きます。景気が悪化し、空港で税金を取られ、テロの脅威にさらされても、便数は増加の一途をたどっています。2016年には全体の乗客数が6％以上増えましたが、何年にもわたってほぼ同程度かそれ以上の増加が続いています。専門家は、2030年まで乗客数の増加が続くと自信を持って予測しています。路線網はさらに細かく張り巡らされ、マップはさらに光輝くはずです。同時に、路線が通らない地域との格差がさらに大きくなるでしょう。

　実のところ、このマップで最も重要な点は、いまだに航空機の路線が開設されていない地域があることです。アフリカで運航されている路線は、全世界の航空交通量（乗客数と移動距離の積）の2％に過ぎません。アジアは31％を占めてヨーロッパよりも多いですが、アジア大陸は広大で人口が多いことを考慮すれば、この割合は低過ぎます。確かにアジアでは、ヨーロッパ北西部のように路線網が密集しているわけではありません。航空交通量のマップは、ちょっと眺めただけでは実に現代的に見えますが、よく考えながら見ると時代遅れな状況を表しているのです。アジア経済が台頭し、アジアへの生産拠点のシフトが進む中、それに見合う路線の開設が行われていないのです。

　湾岸諸国では空港の建設ラッシュが続いていますが、航空機を使った旅行がヨーロッパ並みに盛んになっているわけではありません。カタールは人口100万人あたりの旅客到着数が世界でもトップクラス（人口100万人あたり61万8,362席）ですが、マップで見ると大西洋北部に路線が集中し、航空業界では欧米がまだ中心的存在であることを示しています。

　いったいなぜ、このようなことになっているのでしょうか？　航空便は船便よりも割高なため、旅客や貨物の輸送手段の主力は船舶なのです。人口が10億人を超える中国とインドでは中間層が増えていますが、航空機による大量輸送はまだ広まっていません。しかし状況は変わりつつあります。このマップが時代遅れになるのも、もうすぐでしょう。アジア、ラテンアメリカ、急速な経済成長を遂げているアフリカ諸国の今はまだ黒くなっている地域で航空業界が急成長するのです。

カタール

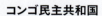

618,362
人口100万人あたりの座席数

コンゴ民主共和国

377
人口100万人あたりの座席数

旅客到着数が多いカタールは、人口100万人あたりの座席数がコンゴ民主共和国の約1,600倍にのぼる。

　いずれ世界全体を航空路線網が覆い、人々をつなぎ、社会が外に向けて開かれるようになれば、世界の同質化が進むでしょう。技術、経済面だけでなく心理的な面でも変化が起き、道徳にまで影響がおよぶと考えられます。「最近どうしてたの？」という問いかけに「○○（国名）にいたの」と答える、そのような日常がやってくるのです。1つの場所に閉じこもっているのは、惰性で日々を過ごしていることや失敗したことの表れであり、現代では避けるべき状況と言えるかもしれません。人々は、もっと動き回るべきなのです。

航空交通量

海の所有者
THE UNCLAIMED WORLD

　海の大半がどの国にも属していないことは、覚えておいた方がよいでしょう。地球の表面を広く覆う海のほとんどと、南極大陸の一部（といっても広大な面積）は、特定の国による領有が認められていないのです。残りの南極大陸は7か国（アルゼンチン、オーストラリア、チリ、フランス、ニュージーランド、ノルウェー、イギリス）が領有権を主張していましたが、1959年の南極条約で凍結（領有権の放棄ではない）されています。

　海が誰のものでもなくなるのは、通常、各国の領海基線から200海里（370km）離れてからです。基線から12海里（22km）までを「領海」、その外側の12海里を「接続水域」、さらにその外側で基線から200海里までを「排他的経済水域」と呼びます。排他的経済水域に国の完全な主権はおよびませんが、経済活動等での利用はその国にのみ認められます。海の底には石油、天然ガス、その他の資源が埋蔵されており、陸上での資源枯渇を考えれば、排他的経済水域は重要な資産です。よって、長い海岸線を持つ国は、経済的に有利になります。デンマークは小国ですが、グリーンランドが同国の自治区になっているおかげで、グリーンランド周辺の広大な水域を排他的経済水域にしています。

　排他的経済水域を拡大する方法の1つは、中国が行っているように公海上に人工島を建設することです。これまでは、さしたる抵抗を受けずに建設を進めてきました。世界中の海がいずれかの国の排他的経済水域に組み込まれる日が来ることを、予感させるような活動と言えるでしょう。

　公海は自由に利用できるため、理論上、国家はもちろん個人であっても、漁業や航海などいかなる活動をするのも認められています。ですが、現実はもう少し複雑です。「海洋法に関する国際連合条約」（略称：国連海洋法条約）の第94条第1項では「いずれの国も、自国を旗国とする船舶に対し、行政上、技術上及び社会上の事項について有効に管轄権を行使し及び有効に規制を行う」と定められています。旗国は、簡単に言えばその船が登録し、所属している国です。国際水域であっても、法的には、その船は登録した国の一部ということになります。また、一部の国は管轄権を拡大しています。アメリカは「いずれの国の裁判管轄権も及ばない場所で、自国籍を持つ者が加害者または被害者になった事件」については「特別な海上管轄・領域管轄権」を行使するとしています。国際法も、海賊、人身売買、テロなどの重大犯罪は、国際水域であっても各国が対処可能だと認めています。

陸、海、空

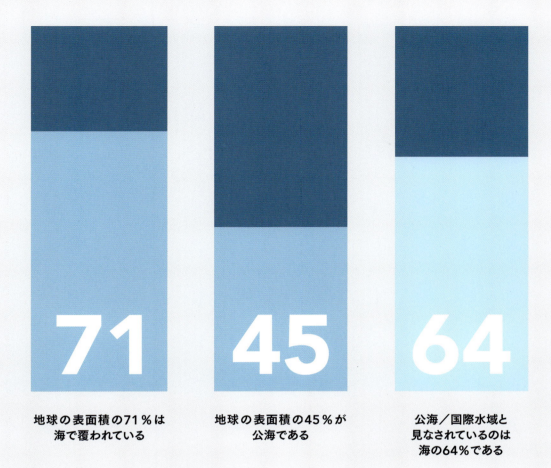

71 地球の表面積の71％は海で覆われている

45 地球の表面積の45％が公海である

64 公海／国際水域と見なされているのは海の64％である

　そのため、マップ上で紺色に塗られている水域も無法地帯というわけではなく、国家の手から逃げ切れるわけではありません。また「排他的経済水域等になっていない水域」という凡例も、実際には「排他的経済水域等になっていないと国際的に認められている」という意味だと考えた方がよいでしょう。「海洋法に関する国際連合条約」の中で特に混乱を招いているのが、大陸棚への管轄権を認めていることです。各国の地政学的な思惑から、議論が続いています。大陸棚の範囲は基線から350海里か、2,500m等深線から100海里のいずれか遠い方まで延ばすことができますが、どこからが始まりで、どこで終わるかについては議論がまとまっていないのです。

　したがって、マップの紺色の部分にはどの国の管轄権もおよばないという言い方は不正確で、特定の国の管轄権が国際的にまだ認められていないと言うべきでしょう。北極に関しては、このような「認められていない」主張が数多くあります。1925年にカナダが北極点の領有を主張して以降、いくつもの国が領有を主張しました。2007年にはロシアの潜水艇が北極点の下に大陸棚を発見し、ロシアの国旗を立てています。ロシアは領有を主張していますが、果たしてロシアのものなのでしょうか。地球上の「排他的経済水域等になっていない水域」は、次第に各国の主張がぶつかり合う水域になるでしょう。

海の所有者

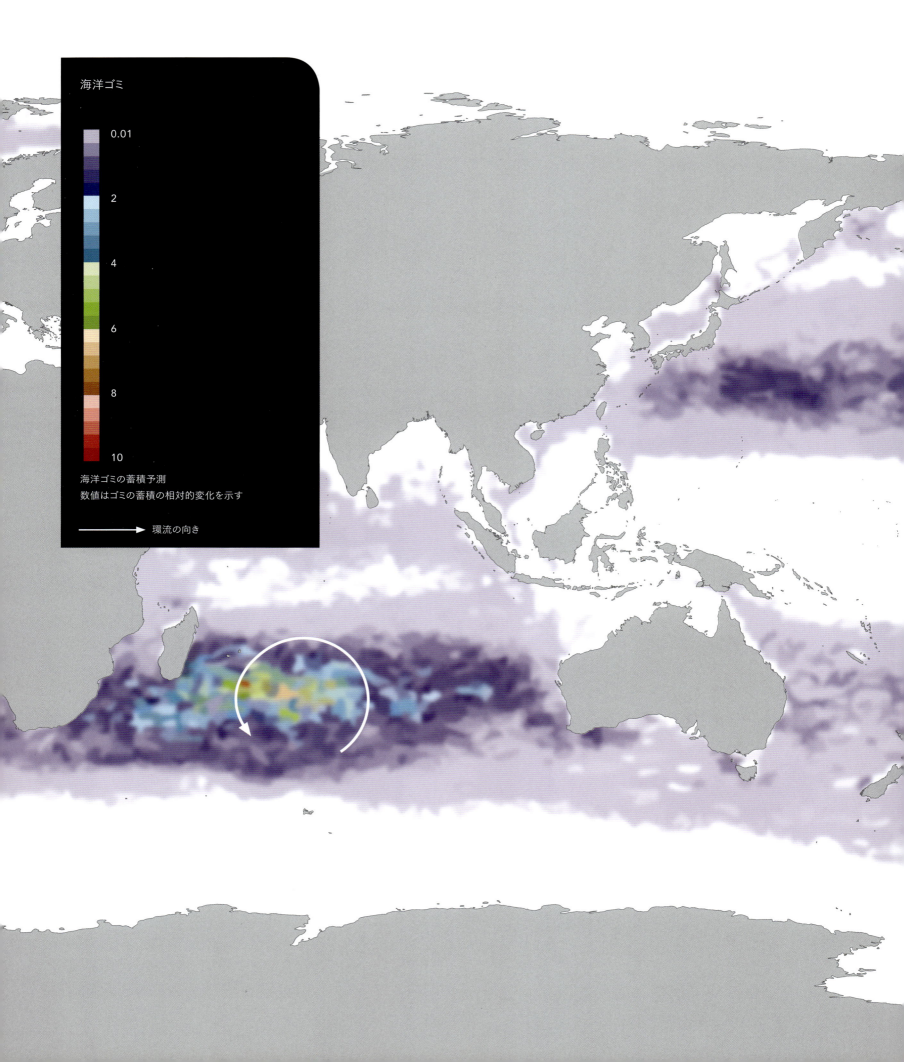

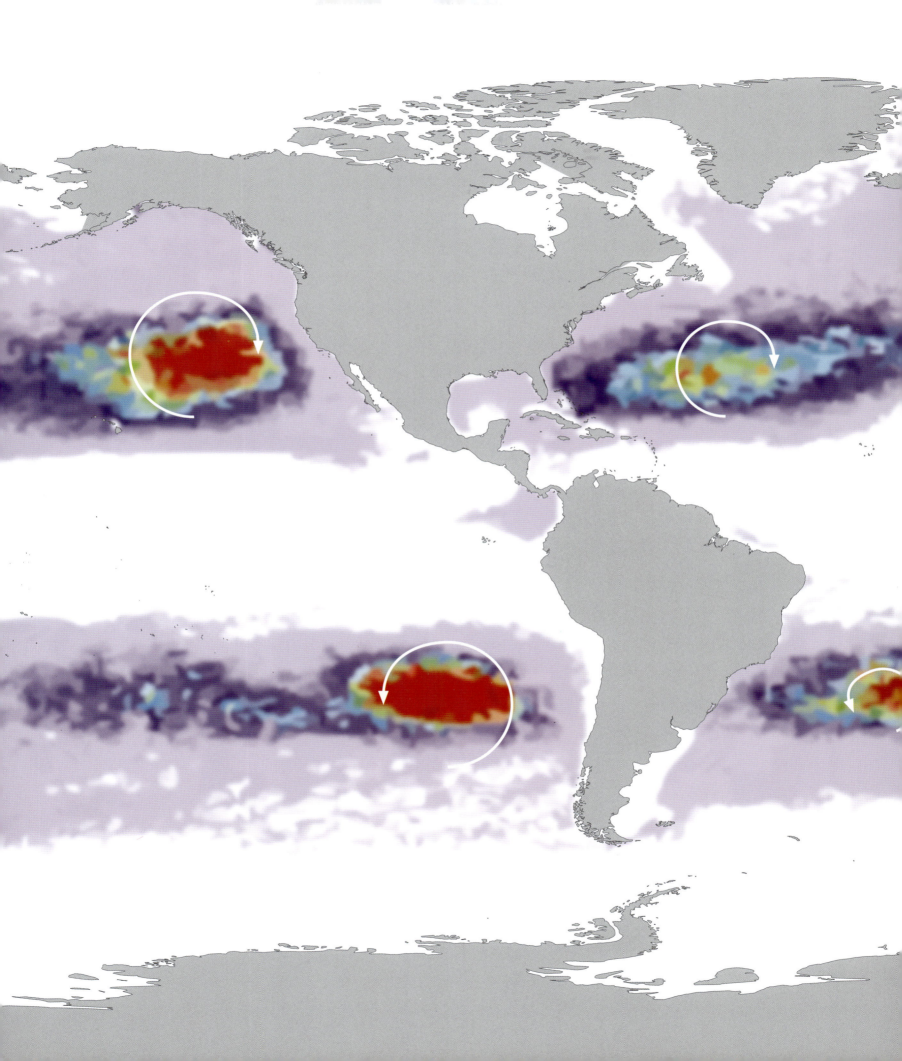

海洋ゴミ OCEAN RUBBISH

　太平洋ゴミベルトの広さは、およそ70万平方kmから150万平方kmにおよぶと考えられています。1か所にすべてのゴミが集中しているわけではなく、ゴミがスープ状に広く漂っています。1つ1つのゴミを星にたとえれば、太平洋ゴミベルトは星雲にあたるでしょう。ほとんどのゴミは海面のすぐ下を浮遊していますが、粘着性のあるゴミが固まって海面に浮いていることもあります。

　船から投げ捨てられたゴミや、太平洋に面した海岸から流れ出たゴミは海流に乗り、やがて環流に引き寄せられてこの「廃棄物処理場」に集まってきます。大量生産、大量消費の結果です。海洋プラスチックの約20％は船から排出されたものですが、残りは川を下って海に出たり、海岸から海に流れ出たゴミです。大量のペットボトル、漁網といった見慣れたもの以外に、サッカーボール、カヤック、レゴブロックなどもあります。水に浮く耐久性のあるゴミが海流で流されるため、大量のゴミが集まってくるのです。

　軽くて丈夫なプラスチックは原料として非常に便利なため、年間およそ30万トンが生産されています。しかし、放置されたプラスチックが分解して消え去るのに、500年から1,000年の時間が必要です。10年ごとにプラスチックの生産量は倍になり、そのほとんどがリサイクルされていません。その結果、海洋汚染の主な原因になっているのです。プラスチックが喉につまれば、生き物は窒息死してしまいます。太平洋ゴミベルトの中心部のおよそ1平方kmには、プラスチック片が48万個ほど漂っていると考えられています。海洋生物がこのプラスチック片を飲み込み、結果として有害な汚染物質を体内に取り込んでいるのです。近年、太平洋で魚を捕獲して調査した結果、その3分の1以上がプラスチック片を飲み込んでいました。

　このマップは、ハワイ大学のニコライ・マキシメンコ博士が開発したコンピューターモデルと、把握されている海流および海洋ゴミのデータを組み合わせて作成しました。マップを見れば、ゴミベルトが世界の海のあちこちに作られていることがわかります。ゴミベルトを形成する環流は、北半球と南半球でそれぞれ別個に存在し、渦の向きが異なっています。両半球で海流の流れ方が異なるため、北半球の渦は時計回り、南半球の渦は反時計回りになるのです。北大西洋ゴミベルトが初めて確認されたのは1972年のことでした。他のゴミベルトと同様、北大西洋ゴミベルトは1か所に留まっておらず、1年で1,600km近く移動します。

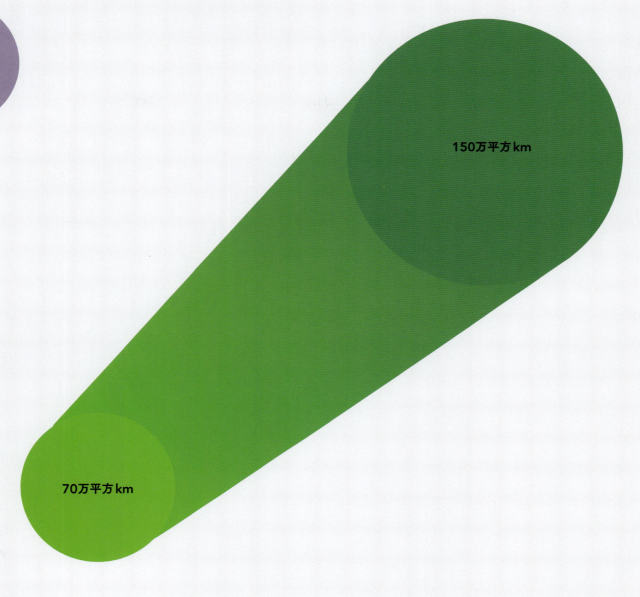

1平方kmに約48万個のゴミ

150万平方km

70万平方km

想定される太平洋ゴミベルトの規模

海洋ゴミの問題を解決するため、これまでさまざまな方法が提案されてきました。しかしゴミベルトが巨大過ぎるため、1つの国だけで対処できる問題ではありません。海の大掃除のための決断も資金集めも、いまだなされていないのです。

　理論的には、ゴミをすくい上げて処分すればよいだけです（回収方法と処理施設もやっかいな問題ですが）。世界の指導者たちが、海洋ゴミという共通の脅威に手を携えて立ち向かってくれれば解決できます。しかし現段階では、科学者の多くが、もっと地味で簡単な方法を推奨しています。重要なのはわずか2つだけ。プラスチックの使用量を減らし、無分別な投棄をやめるのです。

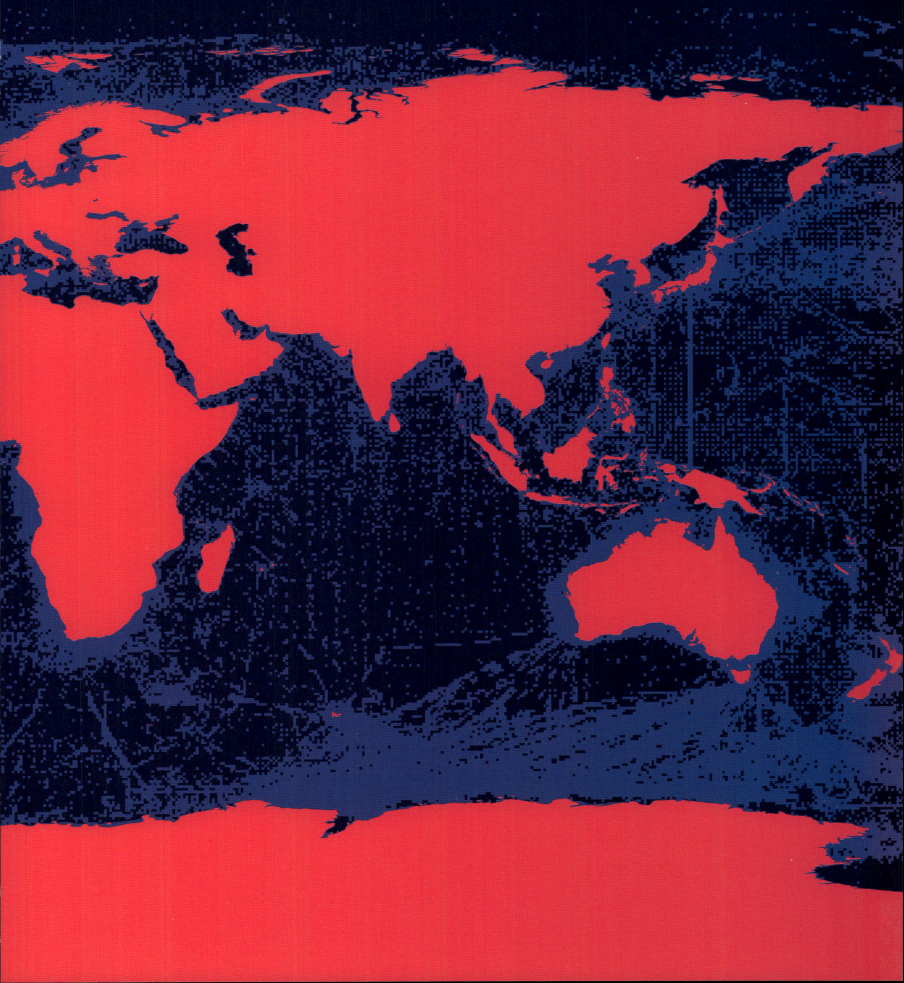

未知の海
UNKNOWN OCEANS

　海の生き物についてわかっていることは、ほんのわずかです。なかなか納得できないかもしれませんが、このマップがその証拠です。青色の部分には調査データがあり、そこに暮らす海洋生物の研究が進められてきました。それに対して、濃紺の部分はデータが乏しいか、まったく調査が行われていません。海洋の大部分はまだ手つかずで、調査が進んでいない沿岸部や湖も数多く存在します。

　このマップは海洋生物センサスのデータにもとづき作成され、2010年後半に発表されました。調査は史上最大規模で実施され、2,700人の科学者と540の調査隊が従事しました。その結果、6,000もの新種が発見され、海洋生物に関する知見が大きく広がったのです。驚くような発見も数多くありました。巨大なマット状に固まった微生物は、地球上の生命体としては最も巨大なものでした。5,000万年前に絶滅したと考えられていたエビや、海底で酸素なしで生存できる複雑な構造の多細胞生物も見つかりました。より小さな生物を対象とした調査では、1リットル強の海水の中に3万8,000種の微生物が存在していました。センサスにより、現在では微生物を除いておよそ25万種の海洋生物が確認されています。他に75万種ほどが存在すると考えられていますが、詳しくはわかっていません。これらに加え、約10億種の微生物が海中で暮らしているのです。

　海洋生物について、人類はごくわずかなことしか知りません。特に深海については、月に関する知識よりも少ないと言っても過言ではないのです。月への有人飛行はこれまで6回実施されていますが、マリアナ海溝の最深部として知られるチャレンジャー海淵（かいえん）（深さ1万911m）の有人潜水調査はわずか2回だけです。センサスに参加した研究員が、ほとんどデータがないとしている海域であっても、そこがわずかな生物しかいない荒れ果てた海域ということはまずありません。海洋は広大です。深海には沈殿物が厚く層をなし、調査の手がおよびにくくなっていますが、多種多様な海洋生物が生息しているのです。深海底の

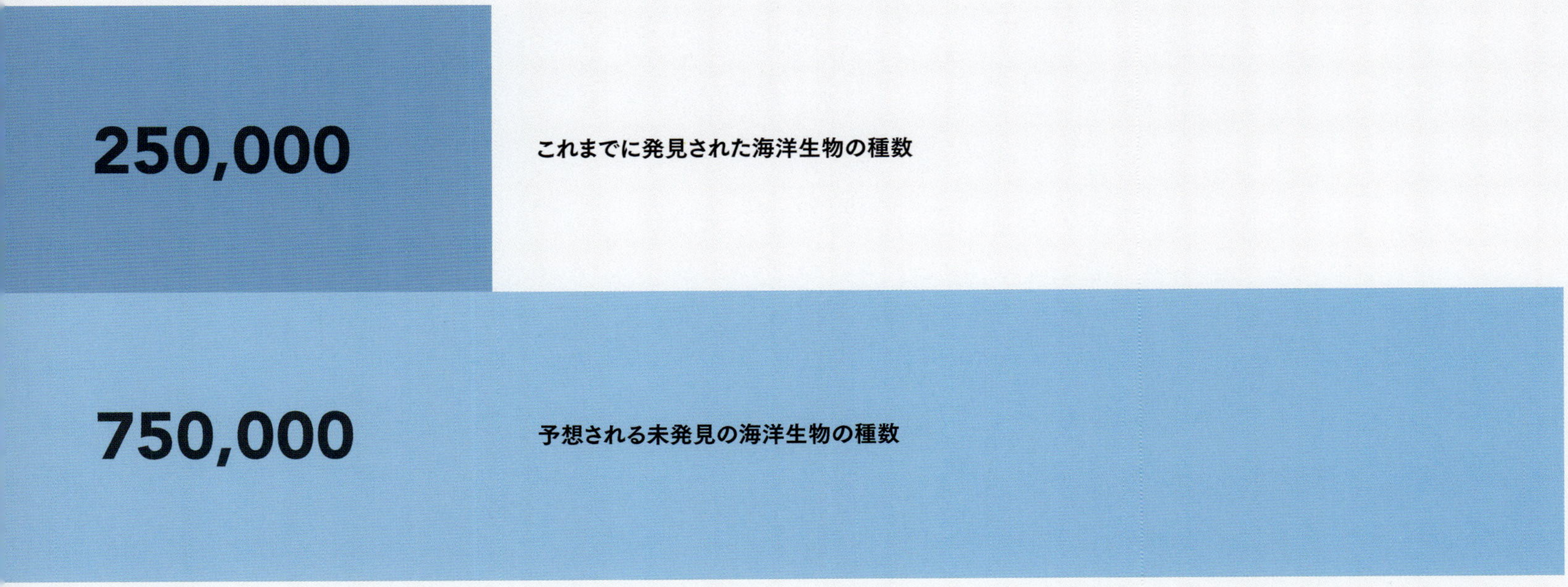

250,000 これまでに発見された海洋生物の種数

750,000 予想される未発見の海洋生物の種数

　調査では、毎回、不思議な姿の生物が見つかっていますが、このような調査はそれほど多く実施されていません。つまり深海には、まだ発見されていない生物種が数多く存在するということです。その数を100万未満と見積もる研究者もいれば、500万を超えるとする研究者もいます。

　海洋生物の全体像を理解するのはまだまだ先のことでしょう。今わかっていることは、人類が海洋生物についていかに無知かということだけです。センサスから得られた最大の収穫は、知らないことがどれほどあるかを見せつけられたことでしょう。

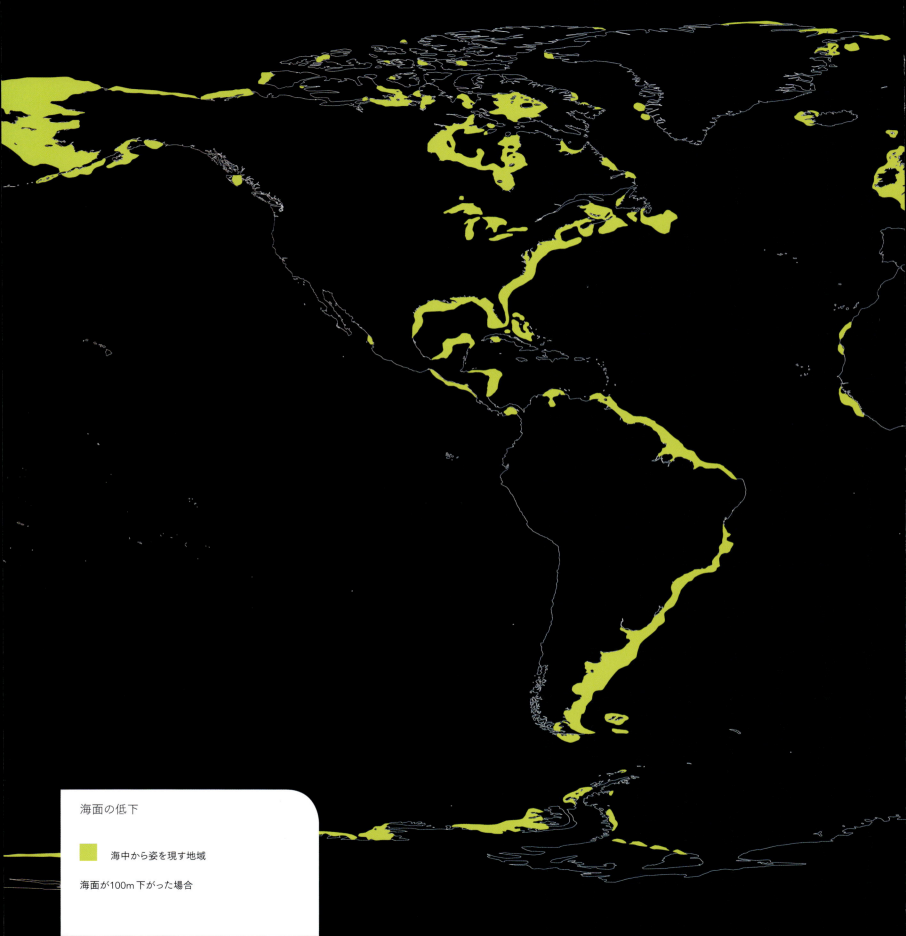

海面の低下

■ 海中から姿を現す地域

海面が100m下がった場合

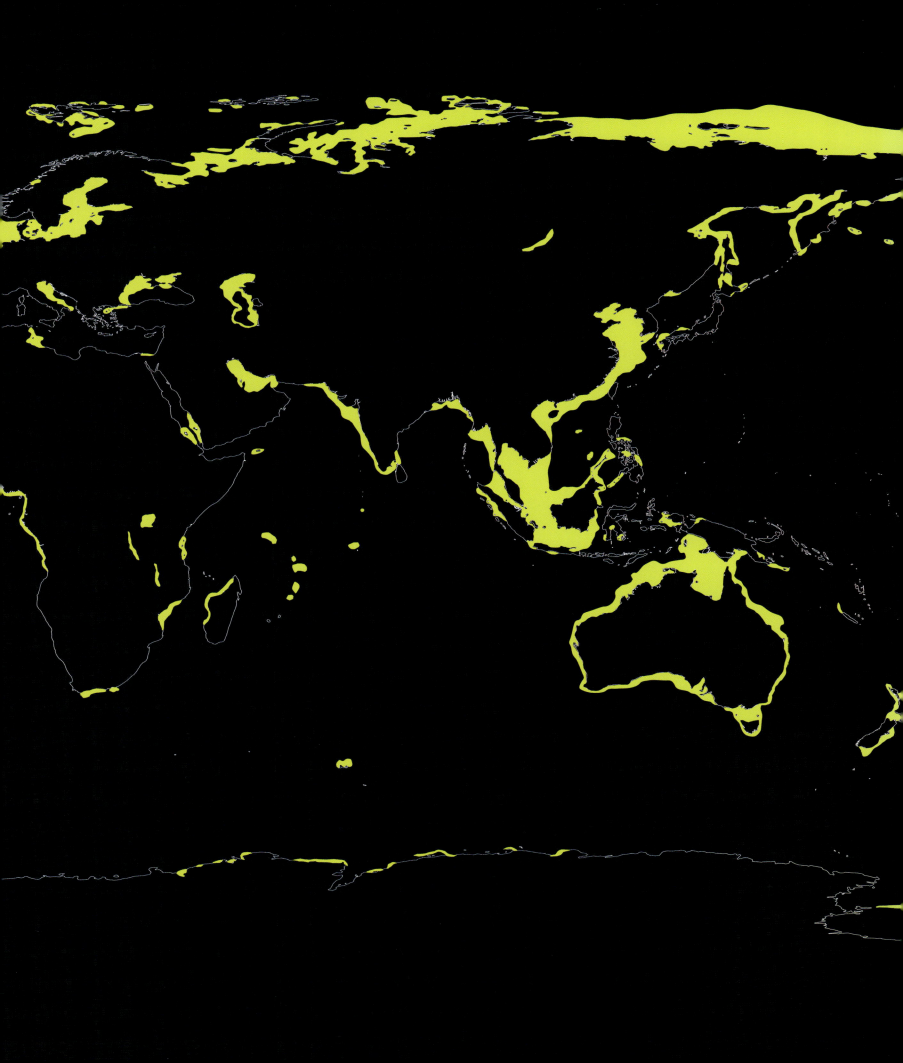

海面の低下
DRAINING THE OCEANS

　このマップは、海面が現在よりも100mほど低くなるとどうなるかを示したものです。この状況は、いわば紀元前1万年に戻るようなものです。当時の地球では、水の多くが極地の氷や氷河の中に閉じ込められ、海水面が今よりも低い位置にありました。現在のイギリスにあたる地域は島ではなく、北海にあたる場所は歩いて横断できました。考古学者は北海の海底から槍や斧などの遺物を発見し、過去に陸地だったと思われる海底を「ドッガーランド」と名づけています。比較的浅く、過去にランドブリッジ（大陸間をつなぐ陸地）として機能していたと思われる海域は、北海だけではありません。海面が100m低くなれば、東南アジアの大半の地域は陸地でつながります。パプアニューギニアとオーストラリアもつながり、大きな1つの島大陸になるのです。大昔に人類がアメリカ大陸に北側から渡るのに用いたランドブリッジが再び形成され、シベリアからアラスカに直接渡るのも可能になるでしょう。

　マップはアメリカ海洋大気庁（NOAA）の国立地球物理データセンターがまとめた予測データの一部を使って作成しました。データはウェブ上で公開されています。ある意味、この一連のデータはシンプルな結果を示します。海の中に隠れていた、丘や谷など起伏に富んだ地形が姿を現し、とても興味深い光景が広がるのです。この情景はデータの最初の部分、つまり海面が100m下がった段階で見られます。海洋で最も面積が広いのは水深5,000〜6,000m前後の海底だとされています。この半分程度の水深2,000〜3,000mのところまで海面が下がると、より低い、中程度の高さの海嶺が見えてきます。海の水がほとんど無くなってしまうのを見たいなら、水深6,000mの海底が見えてくるまで、さらに待たなければなりません。ここまで海水が無くなったとしても、最も深いマリアナ海溝にはまだ水がたまっているはずです。

　実際には、海面は下がるよりも上昇するだろうと予測されています。しかし海面が下がるという逆の状況は、夢物語ではありません。地図作成の上で海底は未知の土地でしたが、同じように調査が行われていなかった陸地の一部とと

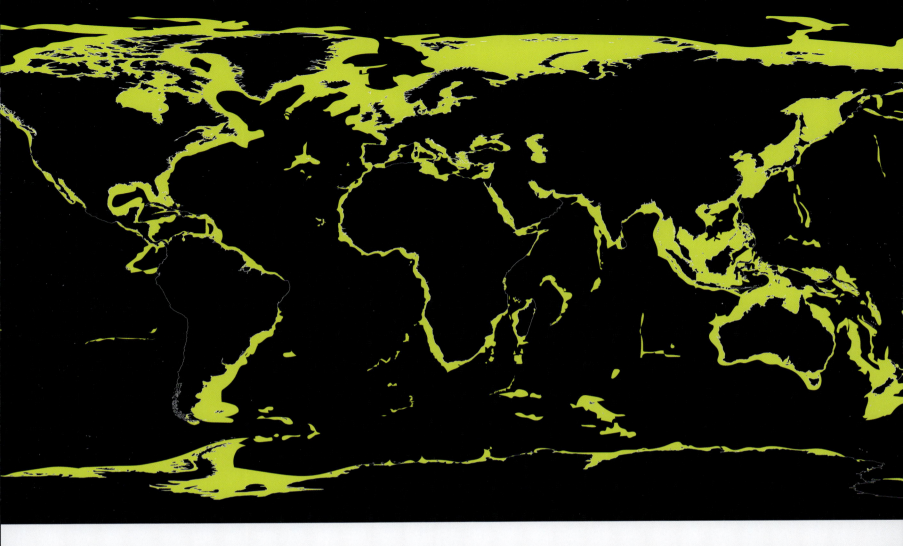

海面が2,000m下がった場合に現れる大陸棚と中程度の高さの海嶺

もに、今では調査対象になっています。自然保護活動家や海洋科学者と同じように、石油採掘業者や人工島の建設業者も海底山脈や海底谷(かいていこく)の知識を必要としています。過去数十年間の深浅測量(しんせん)(海底や湖底の地形を調べる測量技術)における技術革新では、人工衛星が重要な役割を果たしてきました。欧米の衛星を使って海面の高さの変化を計測することで、海底山脈や海底谷が生み出す重力の影響が、海にどのような変化を与えているかが調べられました。得られたデータは、新世代の海底地図を作成するのに使われています。海面よりも上にある陸地——地球のごく一部——の地図しか作れない時代は過ぎ去ったのです。

海面の低下

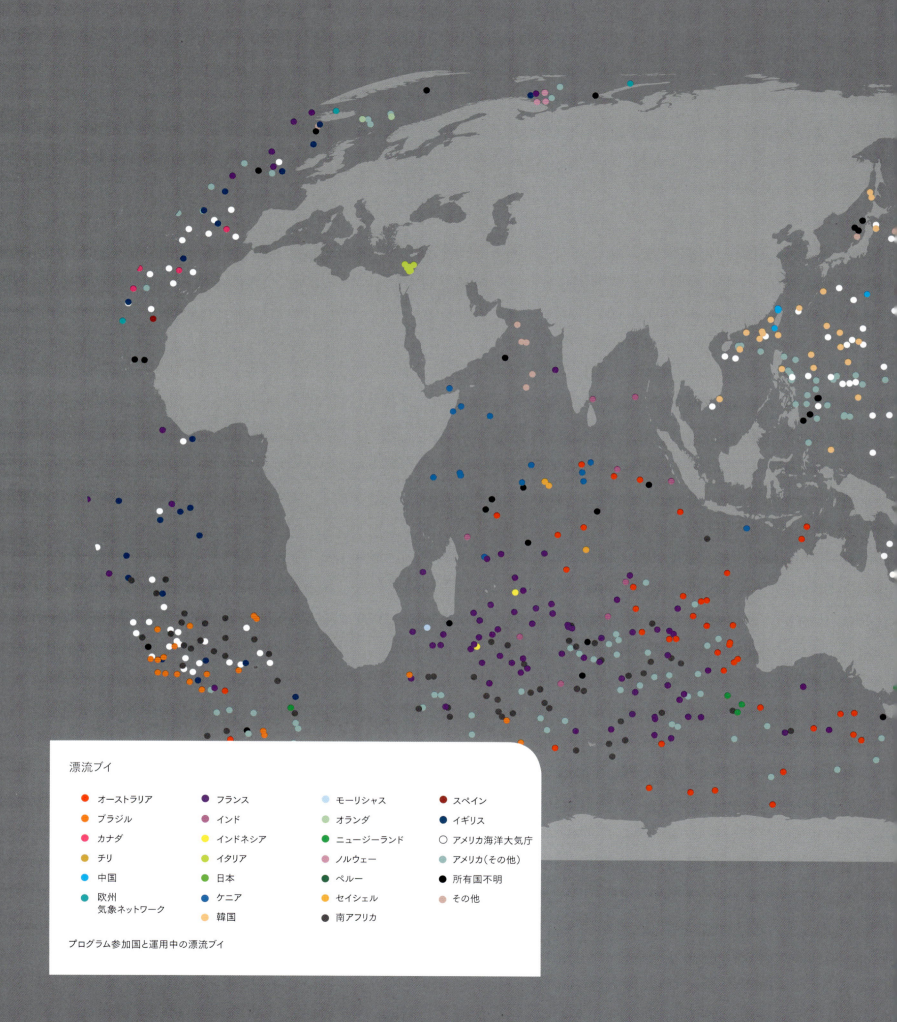

漂流ブイ DRIFTERS

　漂流ブイは海を漂いながら海水の温度、海流の速さ、塩分濃度、大気圧などを観測し続け、結果を人工衛星に送信します。衛星はデータを地球に送り返し、オンラインで個々のブイの最新の位置を把握できようになっています。全地球漂流ブイプログラムの運営管理はアメリカ合衆国政府が行っていますが、国際的な取り組みです。マップを見れば、多数の国（機関）が参加し、それぞれのブイがどこを漂っているかがわかります。なお、ブイの位置は過去のある時点のものでしかなく、漂流して位置が変わっていきます。マップをよく見ると、例えばオーストラリア気象局のブイがインド洋と太平洋にかけて漂流し、イギリス気象庁のブイが大西洋を漂っているのがわかります。アメリカは多数のブイを太平洋と大西洋に流しています。

　海洋学者たちは以前から、きわめて多くの観測用ブイが必要だと認識していました。まず1979年に初期のタイプの漂流ブイが流されました。その後、ブイの標準化と低価格化が進められ、1988年から大規模な展開が始まったのです。これ以降、世界中の海に投入されたブイは数百基にのぼり、海洋研究に役立つ膨大な情報が入手できました。2003年9月から2004年8月の1年間を見てみると、アメリカ海洋大気庁が合計658基のブイを展開しています。同庁は世界的な観測プログラムを管理し、観測船から440基、ボランティアの観測船から201基、航空機から17基を投入しました。十分な観測を実施するには1,250基のブイによるネットワークの維持が必要と考えられていましたが、この目標は2005年9月18日に達成されました。

　ブイにはバケツ型の海錨（かいびょう）がつけられており、漂流するスピードを抑え、遠くに流されるのを防いでいます。それでも大海原でブイは重大なダメージを受け、鎖を失い、ついには海岸に流れ着き、好奇心旺盛な通行人によって発見されることになります。全地球漂流ブイプログラムはブイの所在に神経を尖らせており、行方不明になったブイの発見にも力を入れています。流れ着いたブイを発見した人には、「ブイの番号（通常は5ケタの数字）やブイの表面に記載された指示」

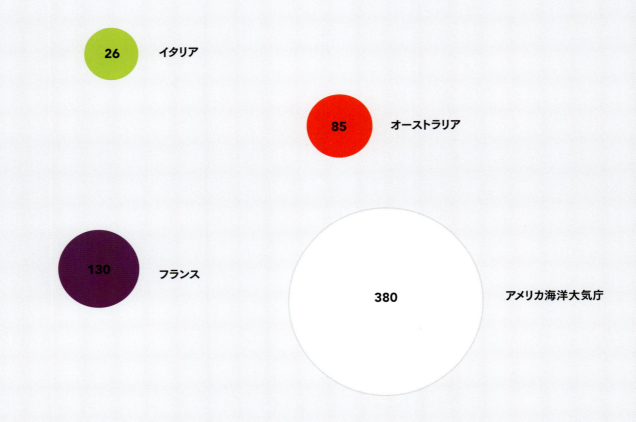

2017年3月20日時点での5つの国とアメリカ海洋大気庁が展開しているブイの数

をチェックし、「ブイとその部品すべてを写真に撮り」、「『漂流ブイWebマスター』に連絡をとってできるだけ多くの情報を送る」よう依頼しています。

　今後は、調査が進んでいない海域や、船の通行量が少ない海域へのブイの投入が増えるでしょう。入り組んだ海や荒れる海域へのブイの配置も増加すると考えられます。ブイ自体の性能も向上し、降雨量や、各種濃度を計測できるようになり、大気と海洋の相互関係についてさまざまな方法での観測が可能になっています。

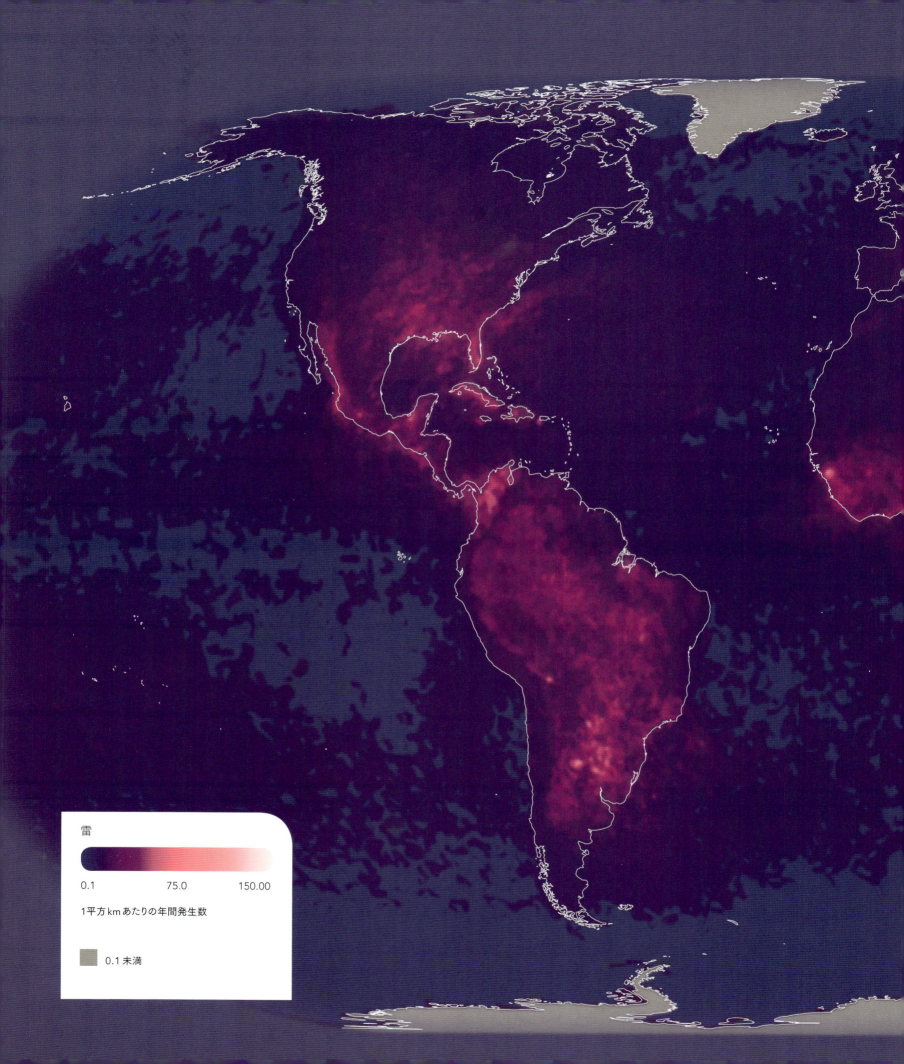

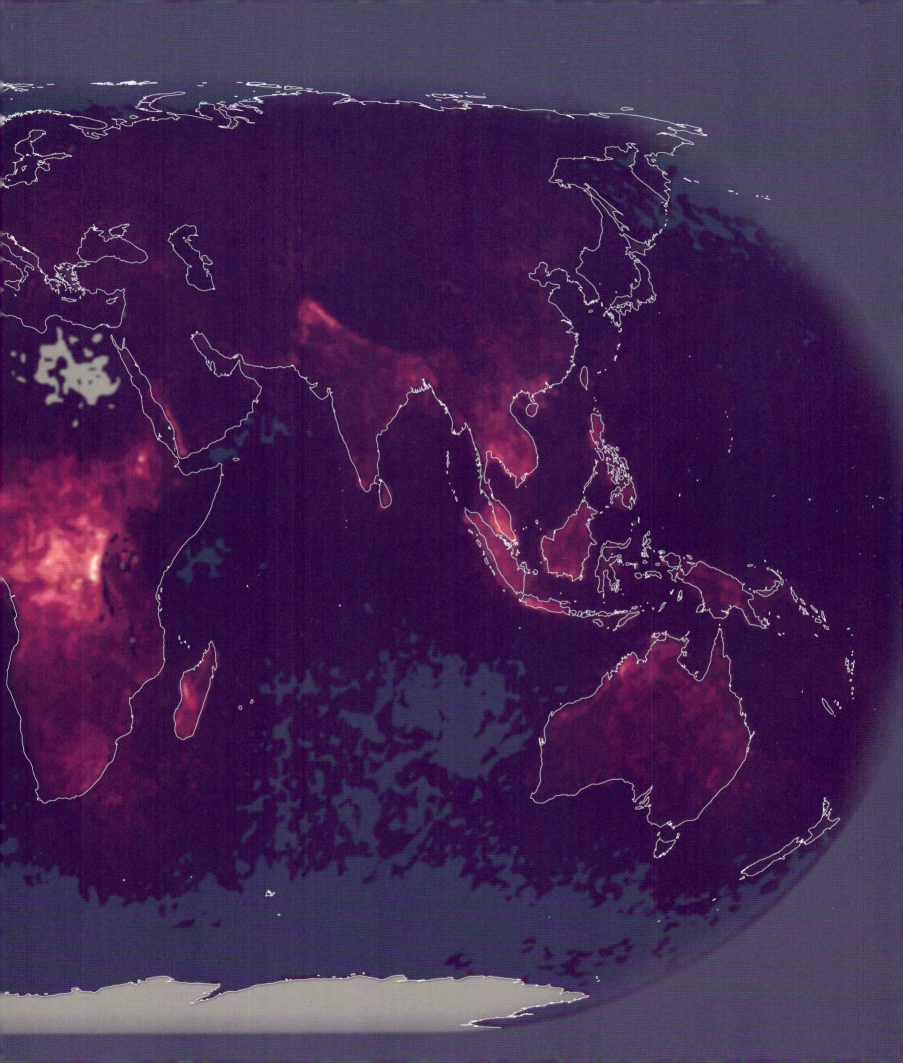

雷
LIGHTNING

　海の上には暗く重苦しい空が広がる一方、陸地、そして熱帯雨林の上には数えきれないほどのまぶしい稲妻が踊ります。熱帯アフリカの空はどこよりも雷が激しく、特にコンゴ民主共和国で活発です。このマップは、1995年から2013年の間に観測された稲妻の数が、1年に1平方kmあたりいくつあったかを示したものです。最も少なかったのは灰色と濃い紫色の部分で、北極と南極の周辺、海洋、北半球の高緯度地域などです。

　一方で、どの場所で最も雷が多いかについては諸説あります。コンゴ民主共和国の山脈にある小さな村キフュカだという説があり、マップはこの説を裏付ける塗り分けになっています。キフュカでは1平方kmあたり年間205回の落雷があったと発表されています。しかし最近になって、ベネズエラのマラカイボ湖が首位に立ちました。1年間に1平方kmあたり233回の落雷が観測されたのです。いずれにせよ、どちらも非常に雷が多いことは確かですし、マップで濃い色に塗られている地域（1平方kmあたりの稲妻の発生回数が年間1回未満）と比べれば一層目立ちます。

　地球では1秒ごとに40から50の稲妻が発生しています。年間にすればおよそ14億回です。洋上ではあまり稲妻は発生しませんが、これは、海が陸地ほど暖まらないからです。陸地は比較的はやく暖まり、その熱を放射します。すると上空に対流が起きて大気が不安定になります。そのため、雷が発生するのに必要な積乱雲は、通常は陸地の上にできるのです。積乱雲ができる過程で熱が重要な役割を果たしているため、寒冷地では雷が少なくなるのです。

　雷の地理的分布を研究しても、神秘的な結論にはなりません。なお、年間6,000人から2万4,000人が落雷で命を落としているにもかかわらず、正確な統計データはありません。確かなのは、アフリカやアジアの最も貧しい国々が、最も大きな被害を受けていることです。人命が失われる以外に、落雷で家畜が死に火災が発生します。電気設備に落ちて過度の電流が流れ、機械を壊したり停電を引き起こしたりします。

グリーンランド：1回

ベネズエラの
マラカイボ湖：233回

コンゴ民主共和国の
キフュカ：205回

1平方kmあたりの年間に起こった落雷の回数。多く発生する上位2か所とグリーンランド。他の場所と比べてはるかに寒いグリーンランドではほぼ発生しない。

　しかし雷には別の一面があります。マップ上で明るいピンク色に塗られた地域では、雷が民話の中で重要な役割を果たしたり、宗教的な意味を持っている場合があります。これらの地域の宗教には、雷の神が存在するケースが多く見られます。不思議な力を持つ雷の神は、危険な存在であると同時に生命のもととなるエネルギーを与えてくれます。聖職者は、雷の神と信者をとりもつ役割を果たすのです。また雷は、死と破壊をもたらすだけでなく、雨の前兆としても扱われています。

雷　　81

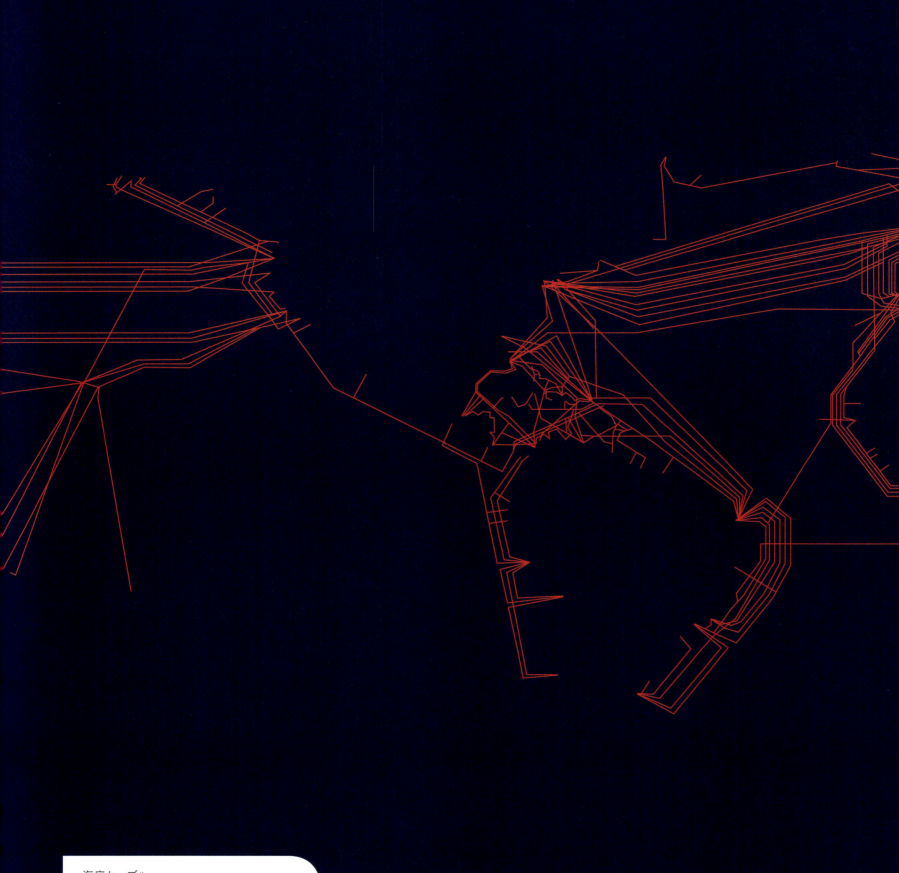

海底ケーブル

ケーブル

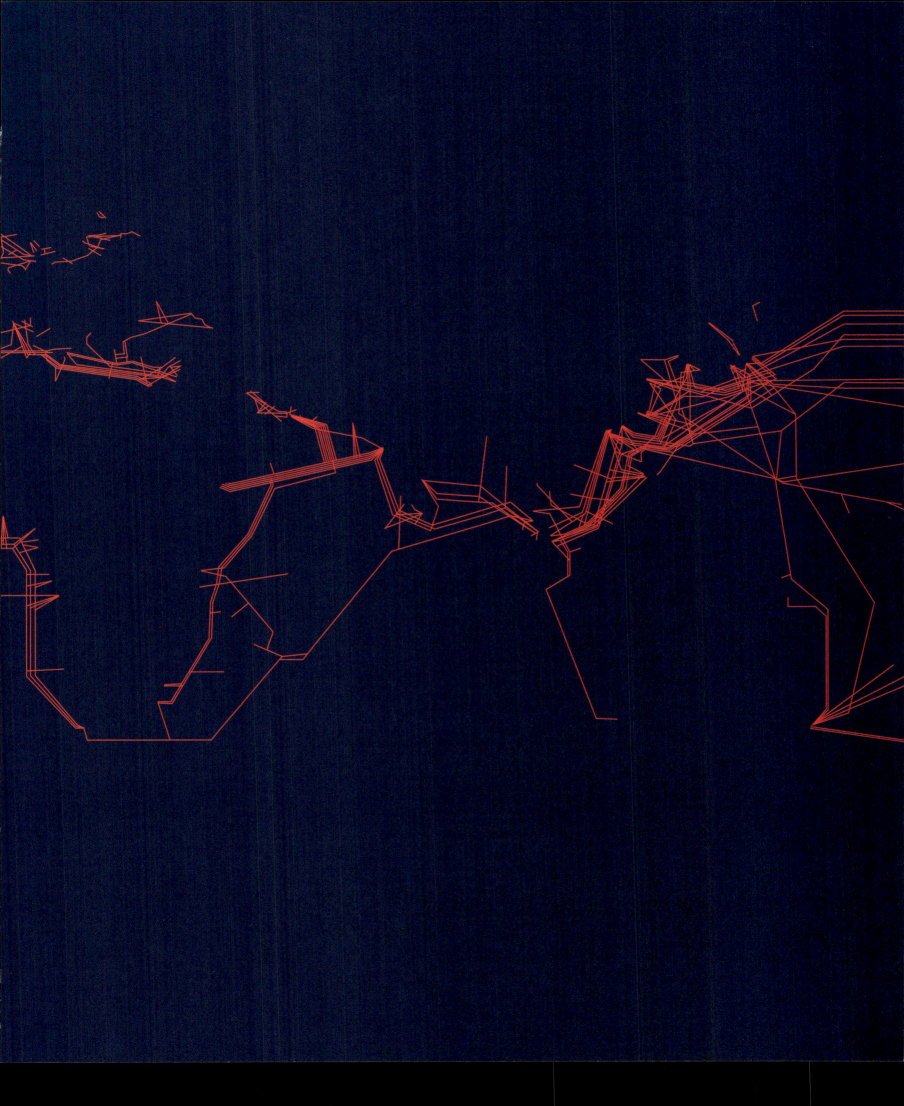

海底ケーブル
UNDERSEA CABLES

　人工衛星の重要さはよく話題にのぼります。データストレージについて話すときは「クラウド」という概念が登場します。しかし、現代の世界で特に重要な通信手段は海底ケーブルなのです。海底ケーブルは、インターネットの利用で必要となる国際通信のほぼすべてを伝送しています。マップの赤い線を見ると、海底ケーブルが世界中に張り巡らされているように感じますが、ケーブルが果たしている役割から見れば、非常に少ない設備で運用されています。大洋を越えてやりとりされるほぼすべてのデータは、およそ300のケーブルシステムで処理されています。マップを見れば、南極大陸以外のすべての大陸が海底ケーブルでつながっていることがわかります。また、東アジア、東南アジア、北大西洋に多数のケーブルが集中していることもわかります。オーストラリア西部やバングラデシュが接続されていないことから、人口が少ないか、開発が進んでいない地域では海底ケーブルの数が少なくなることも読み取れます。

　海底ケーブルを用いての通信は昔から行われていました。1842年にサミュエル・モールスが、タールを染み込ませた麻ひもやゴムで覆ったケーブルをニューヨーク港に敷設して電信の実験を行いました。1866年には最初の大西洋横断ケーブルが敷設され、1870年にインドとイエメンがケーブルで結ばれました。近年では業界の技術革新により、送信可能なデータの種類と量が増大しました。古いタイプのケーブルは２地点間通信にしか対応していませんでしたが、最近は海底分岐装置を使うことで、１本のケーブルで多数の地点を結べるようになっています。1988年には大西洋横断光ケーブルが運用を開始しました。

　現在、光ケーブルが必要とされているのは、衛星通信よりも通信品質がよく通信容量も大きいためです。光ケーブルは通信速度が速いだけでなく、毎秒数十テラバイトのデータを伝送できます。衛星通信よりもはるかに性能がよいのです。符号化された情報は、光信号として光速に近い速さで送られます。また用いられる機器、ケーブルは衛星よりも耐久性が高くなっており、天候の影響を受けず、障害発生後のシステムの回復力も優れています。近年では通信の需要が供給を上回る状態になり、通信会社は海底ケーブルの容量が足りなくなったときには予備の衛星回線を利用しています。

　もし世界の通信網を混乱させたいのなら、通信衛星１基の機能を停止させるよりも、海底ケーブルを１本切断した方が効果的でしょう。海底ケーブル網を安全に運用するため、国際ケーブル保護委員会が1958年に創設されました。

300

およそ300本のケーブルからなるシステムでほぼ全世界の通信を処理できる。

現在、海岸に設置されているケーブルは鋼鉄で防護され、多くは埋設されています。そして海底部分のケーブルは、手の届きにくい場所にあることで守られています。しかし、このことは同時に、海底のケーブルの修理が非常に困難であることも意味します。海底ケーブルの脅威となっているのは破壊活動ではなく、毎年頻繁に発生する故障です。ときには奇妙な姿の深海ザメにかじられるという被害もあります。

海底ケーブル

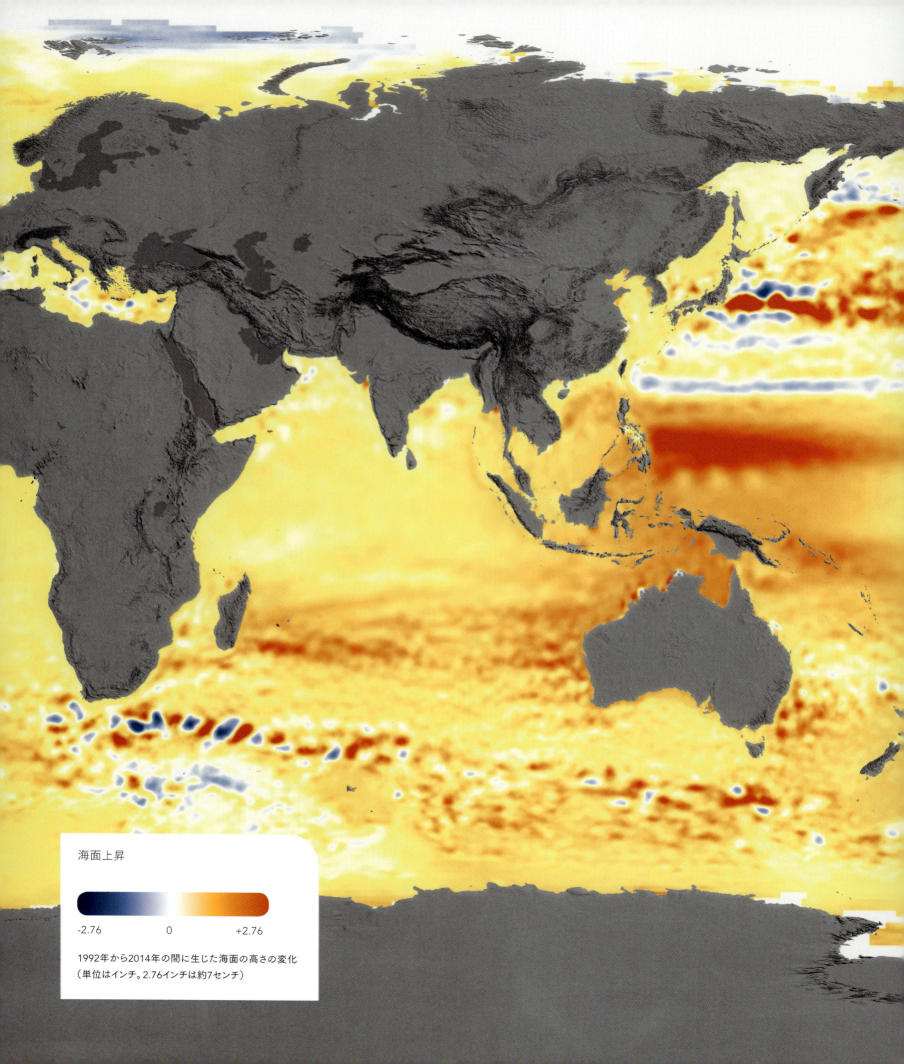

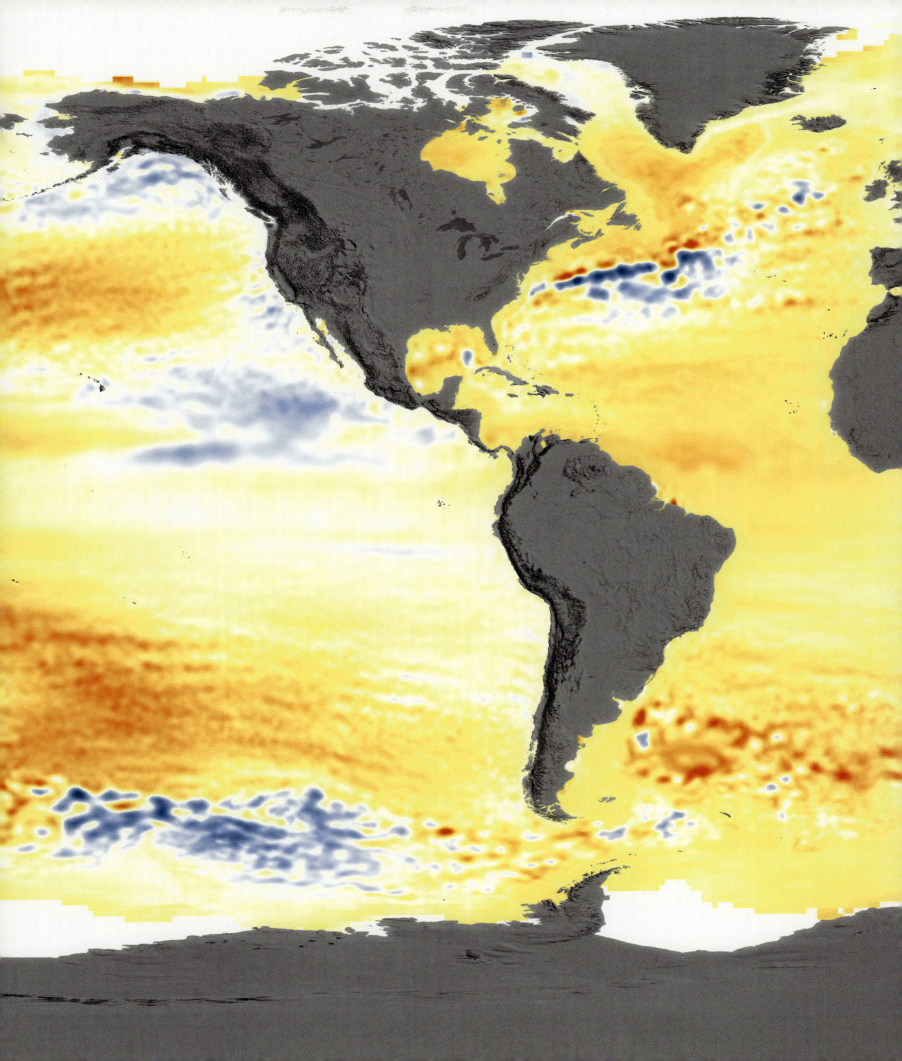

海面上昇
SEA LEVEL VARIATIONS

　1992年以降、世界中の海面が平均して約7.5cm上昇しましたが、均一に上昇したわけではありません。世界的な傾向を把握するだけでなく、それぞれの場所での変化にも目を向けましょう。海面は平らで大きな差はないという考えが長く一般的でしたが、海面の高さも水深も容易に変わるのだという考えに切り替える必要があります。とはいっても、エベレスト山の水没について議論するわけではありません。このマップはNASAが、海面の上下の変化をプラスマイナス7cmの範囲で可視化したものです。7cmというとわずかな値に思えるかもしれませんが、何百万人もの人が、少しの海面上昇が浸水を引き起こす海抜の低い土地に住んでいるのです。

　海面の高さを示すマップの作成は、地図作りにおいて新たな分野です。そしてこのマップは、人類に大きな課題を提示しています。海面水位の上昇はわずかずつですが継続しています。マップに用いたのは、いくつもの人工衛星によって収集された1992から2014年のデータをまとめたものです。NASAのトム・ワグナーは「海にも地形があります。海底に山脈が沈んでいて、山頂や谷が形作られていると考えてもいいでしょう」と述べています。ワグナーは「カリフォルニアの海岸は、今ではちょっとした渓谷になっています。この地形は、風と海流によって形成されたのです」と指摘します。ワグナーによれば、世界の海面上昇の主な原因は2つあります。1つはよく知られているもので、氷床や氷河の氷が解けて海水が増えることです。しかし原因はもう1つあるのです。地球が暖かくなるということは、海水温も高くなるということです。温められたものは体積が増えます。海洋の体積も増加し、海面の高さを上げているのです。

　水は高温になると膨張し、低温になると収縮するので、マップの色は海水の温度変化の傾向を表していることになります。さらに、海水が低温であれば塩分濃度が高く、高温なら塩分濃度が低くなるため、マップは海水の塩分濃度の変化も表していると言えます。ただし最も人々の関心を引くのは、やはり海面

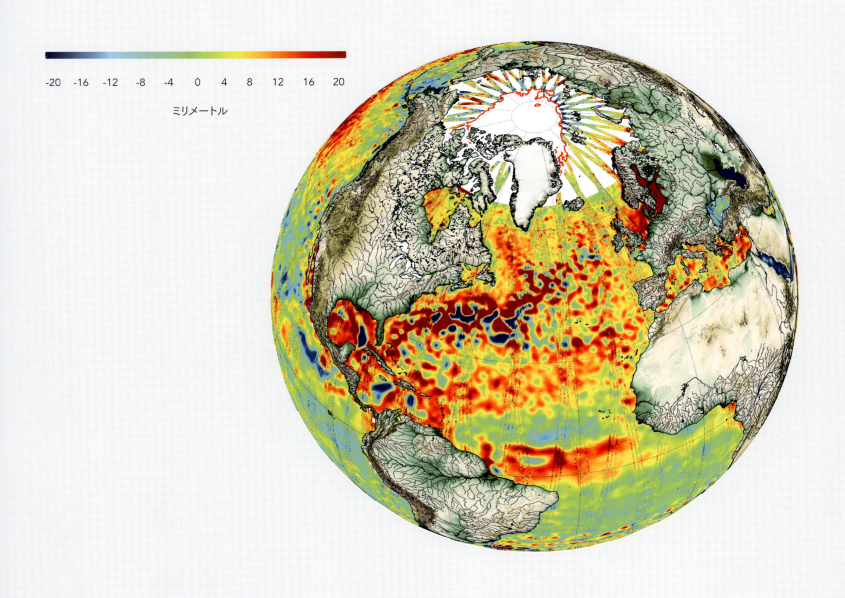

海氷が史上最も南まで到達した2012年に衛星から観測した海面水位の変化

の上昇を示している点です。特に西太平洋では、温かい海水に風と海流の影響が重なるため、マップでは濃い赤色に塗られています。これは、東南アジア沿岸部に密集している居住地域が、これまで考えられていたよりも危険な状況に置かれるであろうことを意味します。南半球の南部と北大西洋沿岸にも危険な地域がありますが、それらの地域の沿岸部の人口は多くありません。つまり注意を向けるべきは、フィリピンなどの国々の海抜の低い土地に住む何億もの人々なのです。

海面上昇　　89

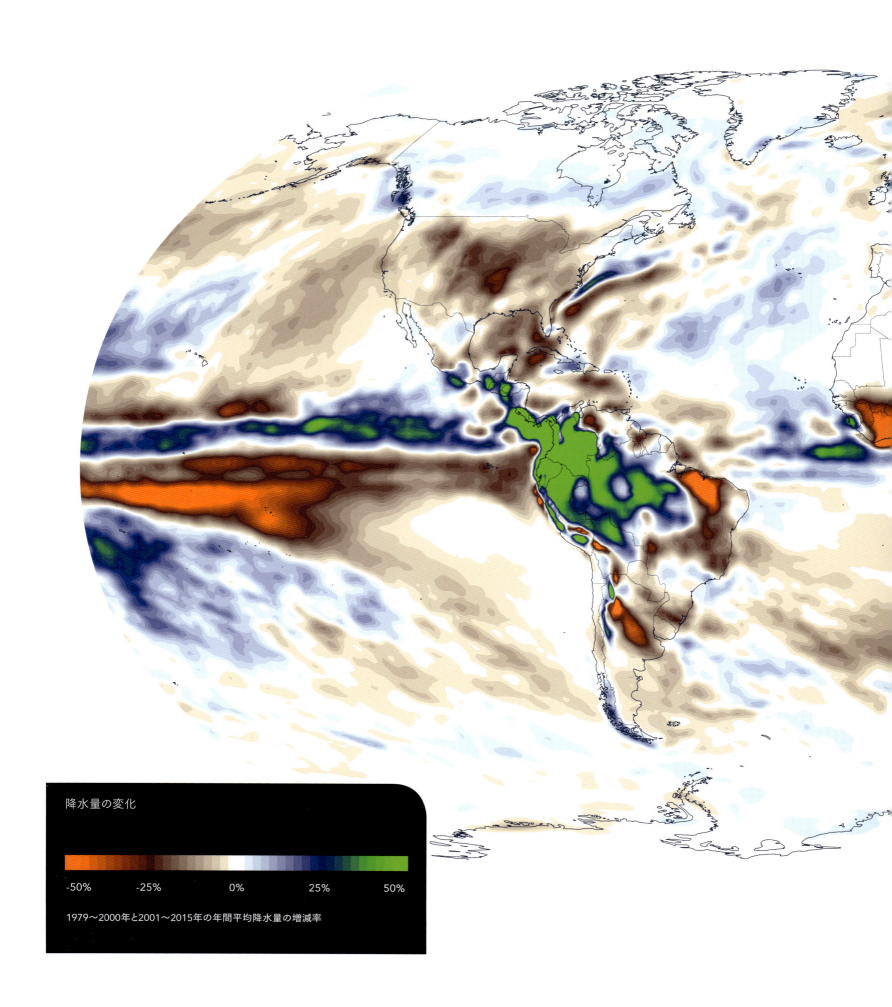

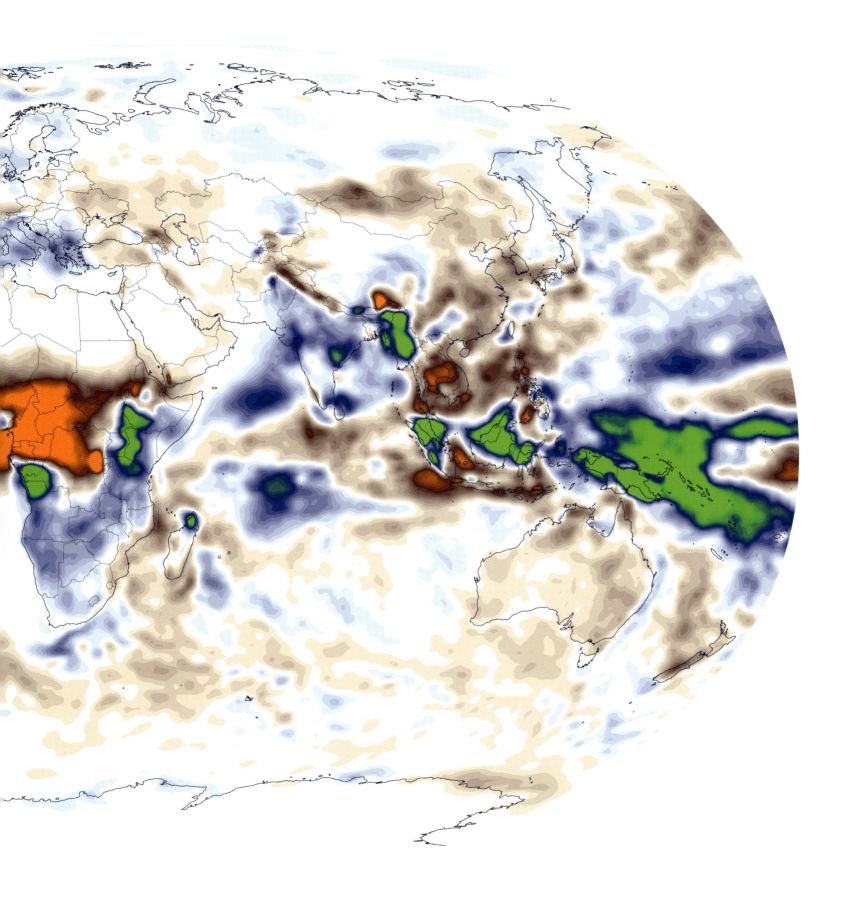

降水量の変化
PRECIPITATION CHANGE

　気候変動に直面して、人々の耳目が気象に集まるようになりました。気温が上がりつつあると聞けば、地球が乾くのではないかと早合点してしまいますが、現実にそうなりつつある場所が実は多いのです。マップ上の濃いオレンジ色から茶色にかけての地域は、乾燥化が進んでいる場所です。北アメリカ、ヨーロッパ、アジア、南半球の海洋、オーストラリアと広大は範囲で雨や雪の量が減っています。一方、特に熱帯で複数の色が入り乱れていることも目をひきます。これらの地域は気候変動が激しい場所なのです。南アメリカと東南アジアに降水量が増加している地域があり、そのすぐ隣には乾燥化が進んでいる地域が並んでいます。心配になるのは、サブサハラアフリカ（サハラ以南のアフリカ）の広大で人口が多い地域が、濃いオレンジ色に塗られていることです。アフリカの一部は長期間の干ばつに苦しんでいるのです。

　このマップは1979〜2000年と2001〜2015年の年間平均降水量の違いを示しています。ヨーロッパ中期予報センターのデータを利用したため、マップが示しているのは比較的最近の変化です。ただし、長期的な気候変動の研究を見ても、熱帯地域の多くでは、１世紀前にくらべて降水量が極端に多くなるか、もしくは少なくなるという結論が出ています。

　マップを細かく見れば、特定地域での変化がわかります。一例としてマリに注目してみます。この地域では毎年、サハラ砂漠が西へと拡大し続けています。西アフリカにある内陸国のマリは、人口約1,700万人で、北部の砂漠地帯は何十年も干ばつに苦しんでいます。ところが最近では、南側３分の１にあたるこれまで気温が低く肥沃（ひよく）で雨が多かった地域でも、降水量が半分以下に落ち込んでいるのです。その結果、人道的および政治的問題が発生しました。干ばつによって将来に希望を持てない世代が生まれ、共同体は住んでいた土地を離れて近隣集団と闘争を引き起こし、国内への過激派勢力の浸透を許す結果となりました。

　熱帯の一部では常に大量の雨が降ります。最も降水量が多いのはインドのマ

インドのマウシンラムは世界で最も雨が多く、年間降水量は1万1,871mmに達する。

ウシンラム村で、年間降水量は1万1,871mmに達します。ちなみにイギリスの平均は900mmに届きません。雨が降らないよりは降る方が望ましいですし、マウシンラムの人々は豪雨への対処方法を知っています。留意すべきは、マップで緑色に塗られている（降水量が増えている）地域の存在が、熱帯性低気圧が巨大化し、数を増していることを示唆している点です。これらの地域の人口は増加しているため、大規模な洪水が起きれば甚大（じんだい）な被害をもたらしかねません。

　マップが表しているのは降水量だけではありません。急激に変化する世界の中で生き残りをかけて苦闘する人間と、危機に瀕（ひん）した社会の存在をも示しているのです。

降水量の変化

人類と野生動物

HUMAN AND ANIMAL

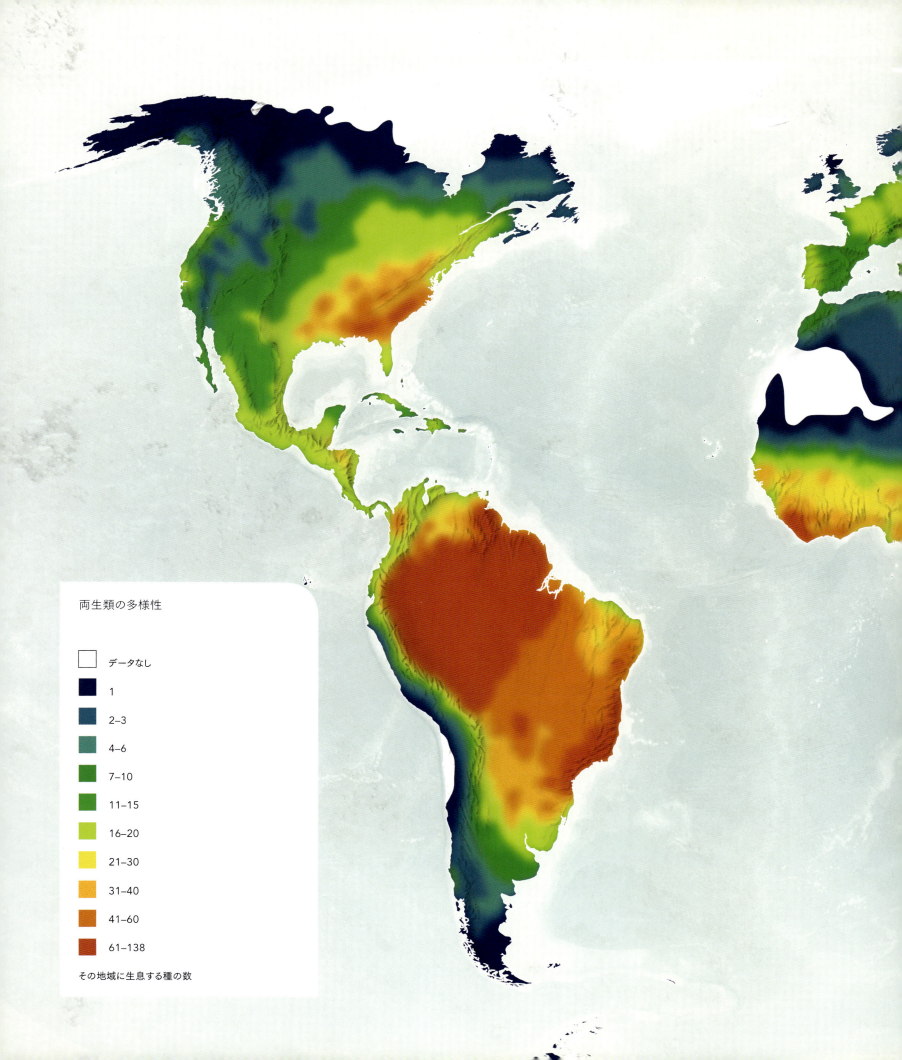

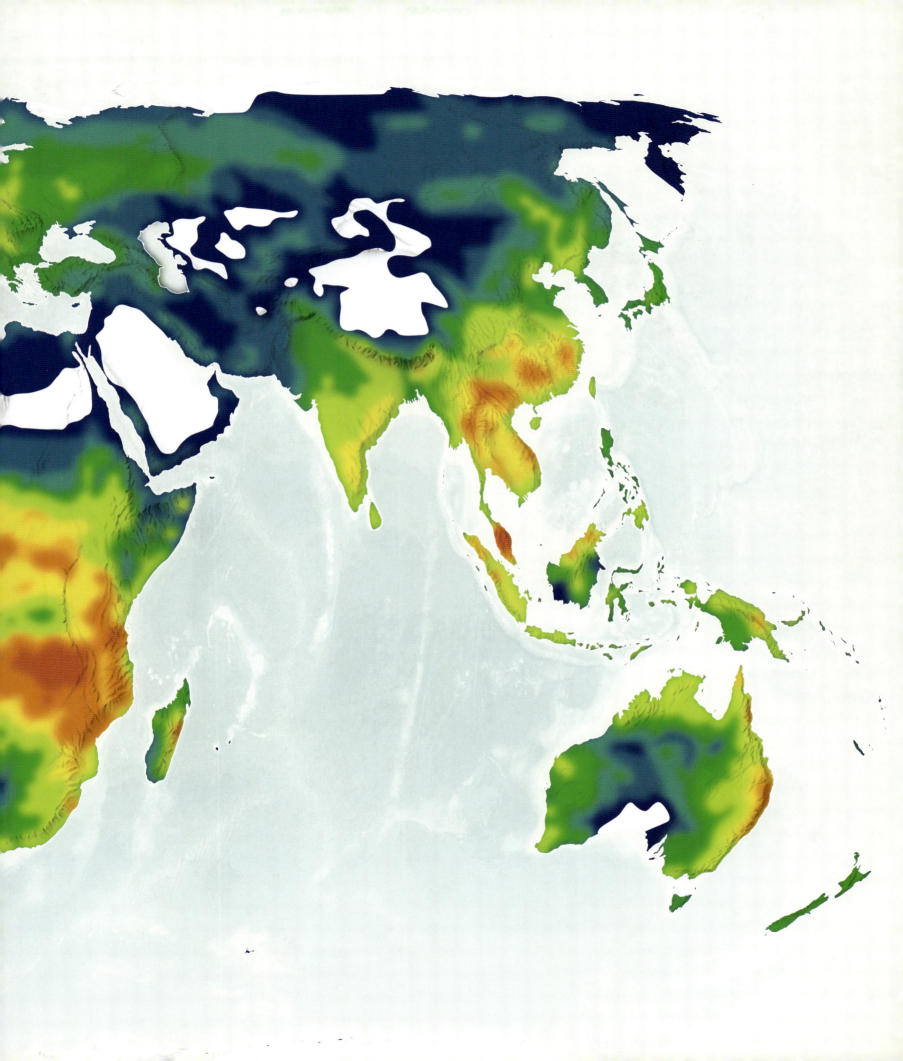

両生類の多様性
AMPHIBIAN DIVERSITY

　動物の種の中で両生類が占める割合は0.5％に過ぎませんが、信じられないほどの多様さを誇っています。エレクトリック・ブルー（青と緑の中間のような色）やエメラルド・グリーンなどインパクトの強い体色を持つ種もいますし、奇妙な行動パターンを持つ種も多くいます。現在、6,000種ほどが知られていますが、いまだに新種の発見が続いています。カエル、イモリ、サンショウウオなど両生類の大半が、変態によって体の形を変化させます。オタマジャクシのような幼生から成体へ、形態を大きく変えるという特徴を持つのです。両生類は陸上でも水中でも生活できますが、生存のためには湿った場所が欠かせません。両生類の種のほぼ半数が数を減らした主な原因は、そのような生息地が失われたためです。「絶滅寸前」または「絶滅危惧」とされている両生類の種数は、同様の状況にある鳥類と哺乳類の種数の合計に匹敵します。

　このマップは60か国、500人以上の科学者が協力して両生類の保護に取り組んだ「世界両生類アセスメント」のデータをもとに作成しました。熱帯の中でも、特に熱帯雨林の生息環境を保護する重要性ははっきりしています。熱帯雨林に多種多様な両生類が暮らしている理由の1つは暖かく湿潤な気候ですが、もう1つの理由は、熱帯雨林こそが両生類にとって地球最古の大生息地だからです。熱帯雨林で十分な時間をかけ、動物の種は多様化してきました。その広さも重要です。生息地が広いほど「種分化」に有利なのです。種分化は進化の過程で起き、順調に進めば新しい種が誕生することになります。南アメリカとアフリカの熱帯地域では、別の理由による種分化が理論としてまとめられています。海面水位が現在よりも高かった時代に、これらの地域には孤立した島々が多く存在し、それぞれの島「固有の」種が育ったというのです。

　最も両生類の種が多い国は、当然ながらブラジルです。アメリカの面積はブラジルを少し上回りますが、生息する両生類の種はブラジルの半分以下です。規模は小さいですが、同様の状況は、マップを見れば他にも見つかります。イギリス固有の両生類は7種しかいませんが、西ヨーロッパ諸国の固有種はその数倍です。

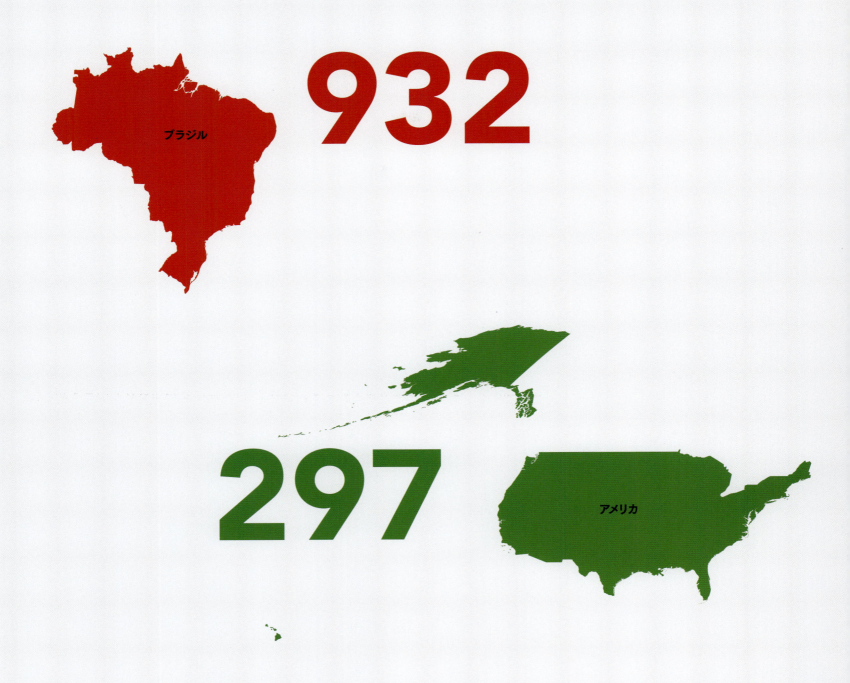

国土の面積は似ているが、アメリカに生息する両生類の種数はブラジルの3分の1に満たない。

　両生類は自然環境の変化に敏感に反応します。陸上と水中の両方で生活するということは、生存のために2つの環境が必要ということです。もし地元のカエルやイモリの減少を食い止めたいなら、残念ながら池や沼地を守るだけでは足りないのです。他の両生類と同様、カエルやイモリは水から出て過ごす時間が長く、広い面積を歩き回ります。両生類の卵には殻がなく、成体の皮膚は薄いため、両生類はダメージを受けやすいのです。汚染物質があればたちまち悪影響を受けますし、大気中のオゾンの減少によって紫外線が増えてもすぐに被害を受けます。特徴的な姿で美しい両生類は、種の多さが示すように進化の成功者です。しかし現在は、大量絶滅の危機に直面しているのです。

両生類の多様性

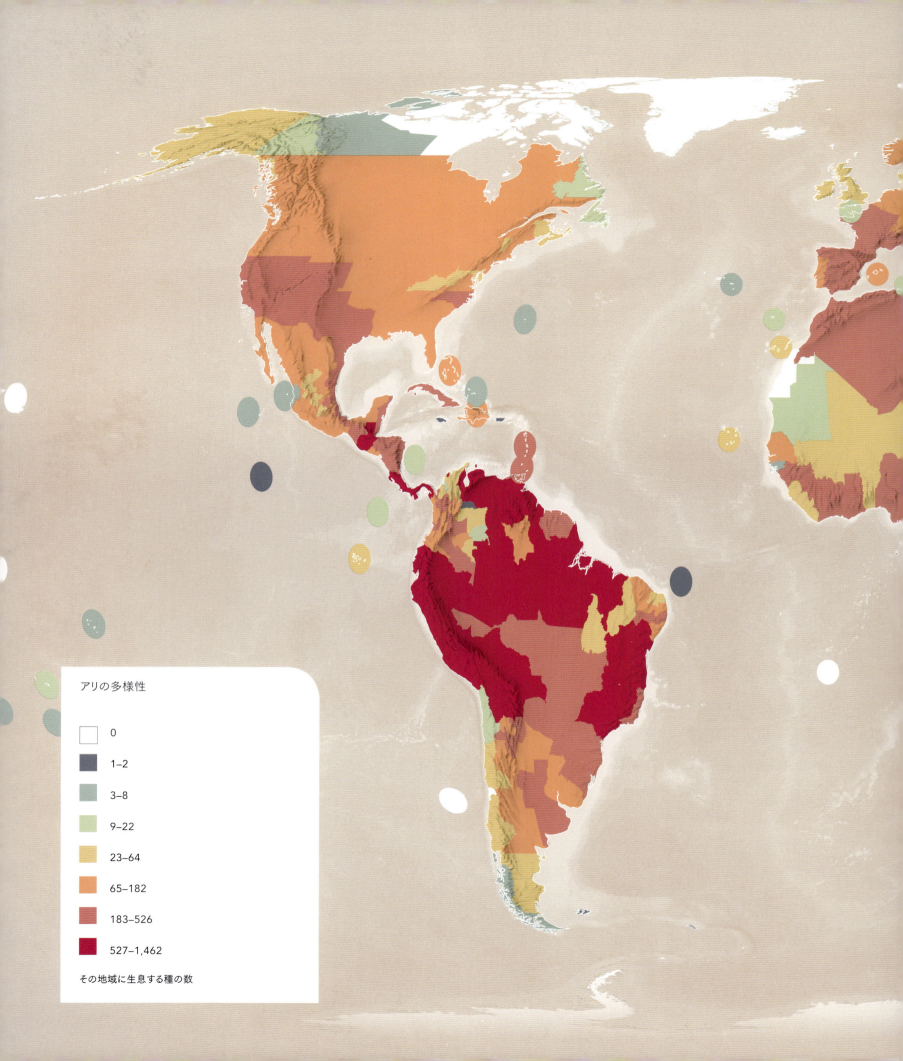

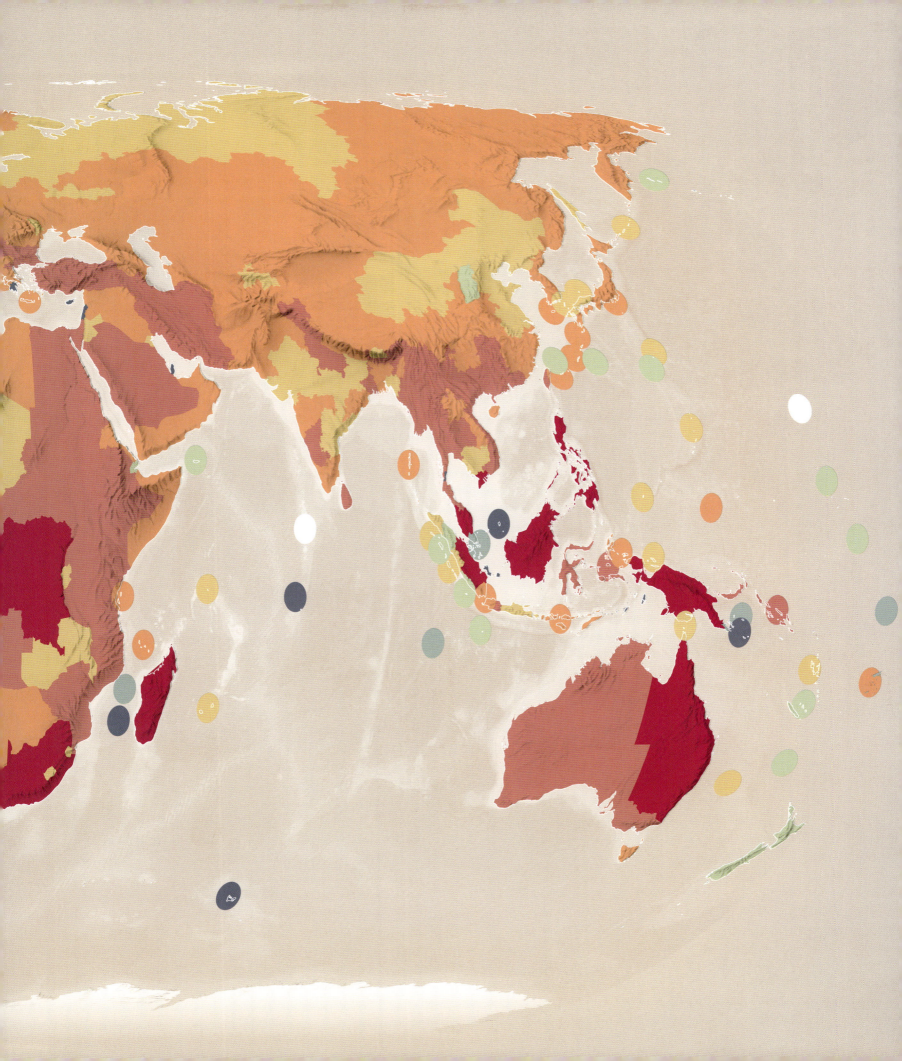

アリの多様性
ANTS

　これまでに約1万2,500種のアリが確認されていますが、発見されていない種は数千以上にのぼると考えられています。気温の高い地域に多数の種が集中して生息しています。マップで濃い赤色に塗られているのが、南アメリカ、アフリカの大半、東南アジア、オーストラリアであることが、気温がアリの種数を決める最大の要因だということを示しています。濃い赤に塗られた中には最大で1,462種のアリが生息している地域があり、青系の色に塗られた地域には少数の種しかいません。

　体長1mmの世界最小のアリから、南アメリカの熱帯雨林に生息し、大きいものは体長4cmに達する危険なディノハリアリまで、熱帯にはあらゆる大きさのアリがいます。ペルーの熱帯雨林で1本の木を調べたところ、43種のアリがいたという調査結果があります。ボルネオの熱帯雨林でも同じような調査が行われ、1本の木から61種が見つかりました。ブリテン諸島全域に生息するアリは60種強だということを考えれば、その多さがわかります。

　マップは国別、地域別にアリの種数を示していますが、国土が広い国の場合には州などに分割し、より細かく確認できるようにしました。アメリカの中でも、温暖な南部諸州に、北部諸州よりも多数のアリの種が生息しています。マップの作成にあたっては「アントマップス」のデータを用いました。アントマップスは沖縄科学技術大学院大学のエヴァン・エコノモと香港大学生物科学学院のブノワ・ゲナールが率いたプロジェクトが作成したもので、圧倒的な情報量を誇ります。なお、アリは地球で特に個体数が多い昆虫であり、その数は1,000兆匹に達すると考えられています。これは陸上で暮らす動物の個体数の15％になります。

　アリの種の多様性と分布を理解するのは大切です。アリは地球上で最も成功した生物であると同時に、最も重要な生物でもあります。アリが無数の腐敗物や死骸を撤去しなければ、地上は腐ったものだらけになるでしょう。そしてアリは、食物連鎖でより上位に位置する生物のための食べ物でもあるのです。ま

イギリス
61

フランス
224

イタリア
253

南アフリカ共和国
683

フィンランド
62

5つの国に生息するアリの種数をくらべると、気温が低い国よりも高い国の方が多様な種が生息している。

た、あまり知られていませんが土壌改良にも貢献しています。アリが生息していると土に水が浸透しやすくなるため、土の中に酸素と窒素が入り込みやすくなるのです。そのため、農作物の収穫をよくするには、アリの活動が必要な場合が多いのです。アリと白アリが、乾燥した気候の農地で小麦の収穫量を36％増大させたという研究結果もあります。

　アリは生物農薬としても働き、多数の害虫を捕食します。著名な生物学者エドワード・オズボーン・ウィルソンはアリの研究に多くの時間を割き、もし世界からアリなどの無脊椎動物が消え去ったとしたら、「人類が数か月以上生存できるか疑わしい」と結論づけました。そして「人類は無脊椎動物を必要としているが、無脊椎動物にとって人類が必要というわけではない」とも述べています。人類にとって必要不可欠な生物をリストにすれば、アリが上位に来るのは間違いないでしょう。

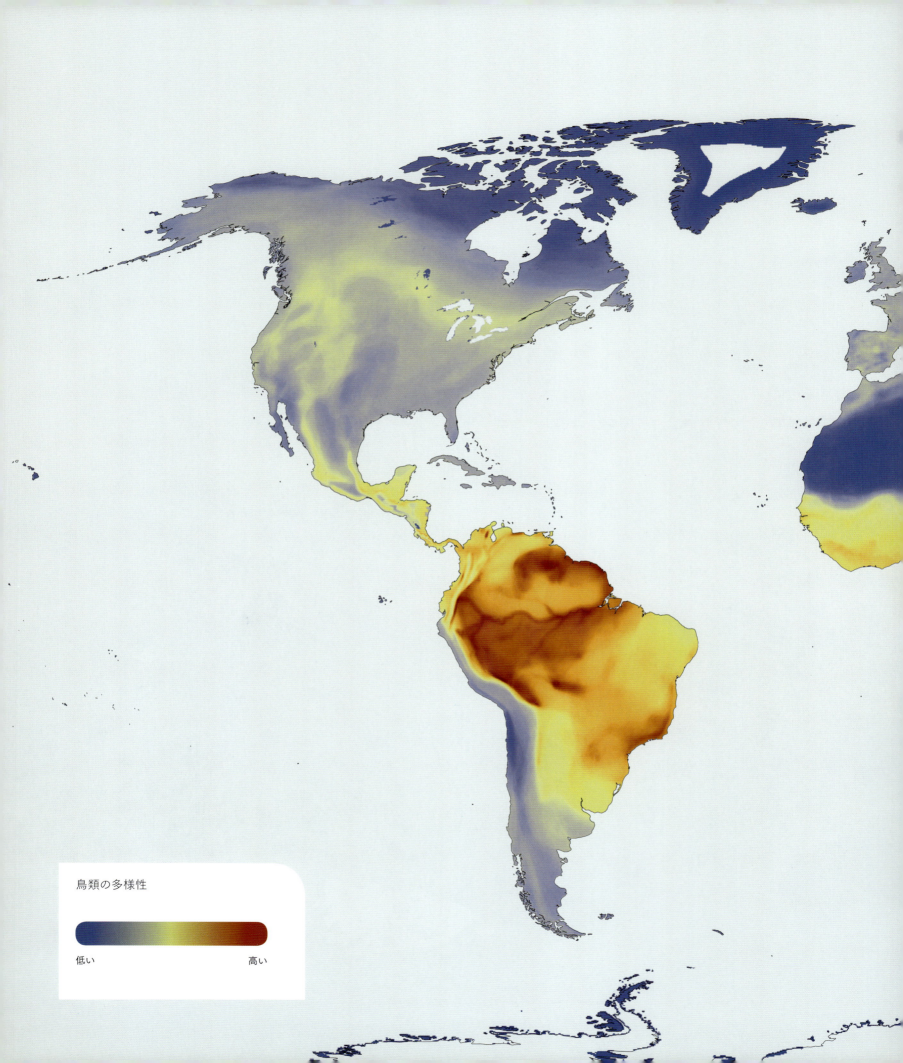

鳥類の多様性

低い　　　　　高い

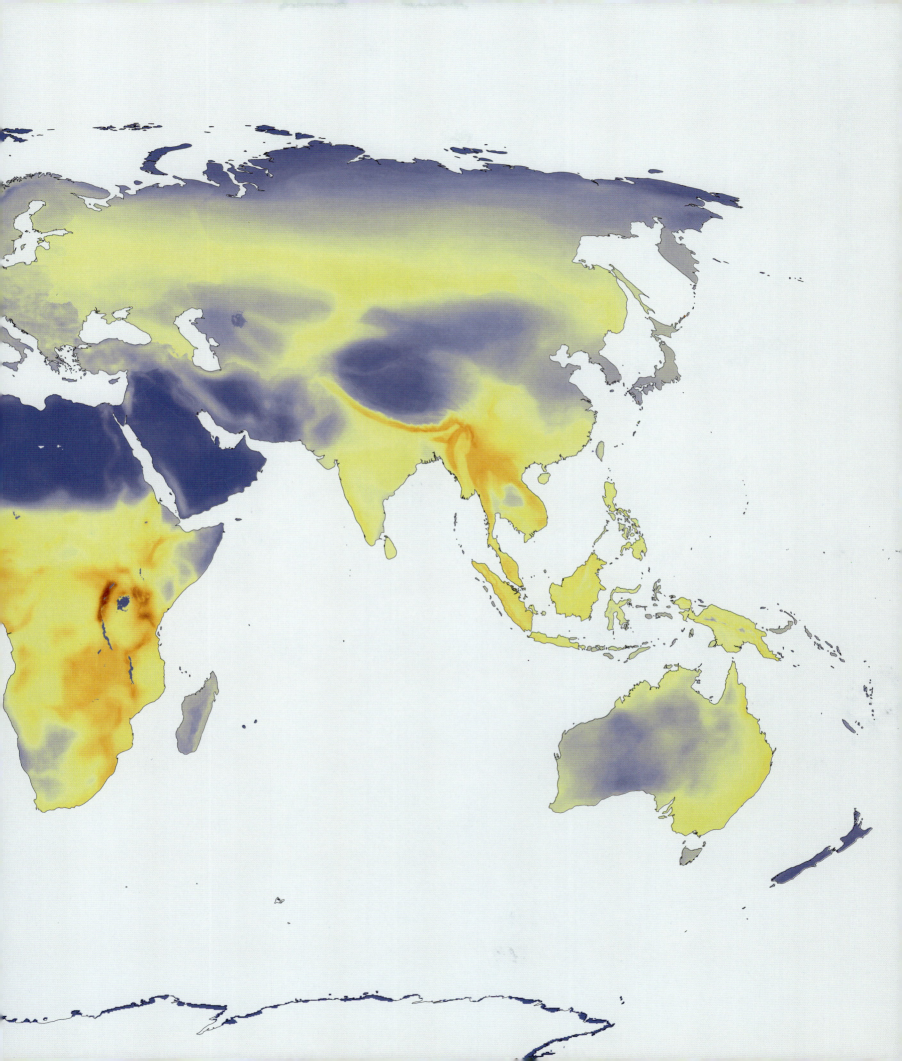

鳥類の多様性
BIRD DIVERSITY

　地球には11万2,665種の鳥類がいるとされています。マップを見ればすぐわかるように、北半球の寒冷な地域や乾燥している地域では、生息する種数が少なくなっています。対照的に、東南アジア、サブサハラアフリカ（サハラ以南のアフリカ）、南アメリカの大半では赤褐色の地域が多くなっており、これらの地域にさまざまな大きさ、姿、色の鳥が生息していることがわかります。またアマゾン盆地、熱帯アンデス、アフリカのヴィクトリア湖周辺に多くの種が生息し、熱帯に生物多様性ホットスポットが存在することを裏付けています。

　バードライフ・インターナショナルとネイチャー・サーブの調査結果をもとにしたこのマップは、地球上のどの場所を自然保護区に指定するのがよいかを明確に示しています。バードライフ・インターナショナルは、熱帯地域のほとんどに信じられないほど多種の鳥類が生息しており、それらの鳥類は「生息範囲が狭い傾向があるため、実際に生息している種は場所によって大きく異なっている」と指摘します。また他にも興味深い関係を指摘しています。ある地域の降水量と、その地域での鳥類の種の多様性に（正の）相関関係があるというのです。この関係は海鳥にも当てはまります。海鳥の種が最も多いのは、南半球の中緯度地帯なのです。

　鳥類の多様性は、地域の種の多様性と環境変化を見るのにちょうどよい目安になります。たいてい昼間に行動し、遠距離からでも発見しやすい鳥類は、非常に観察しやすいからです。そのため、たとえこのマップに誤差があったとしても、他の生物でつくったマップよりも良好な結果が得られるはずです。つまり鳥類の多様性は、環境の変化のバロメーターとして利用できるのです。通常、鳥類の多様性が失われたり変わったりした場合には、他の生物の多様性や環境にも変化が生じています。バードライフ・インターナショナルは約200か国で1万か所の「重要な鳥類の生息地」を指定しています。そのうち228か所は東アフリカのエチオピア、ケニア、タンザニア、ウガンダに位置しています。東アフリカ固有の哺乳類97種のうち97％、世界的に見て絶滅のおそれがある哺

24 絶滅寸前

49 絶滅危惧

96 危急

169 絶滅の危機に瀕している鳥類の種

ブラジルにおける鳥類の状況。鳥類のうち絶滅に瀕している種に着目すると、その種数が最も多いのは南アメリカの国々である。

乳類80種のうち90％、東アフリカ固有のヘビと両生類131種のうち92％がこの228か所に生息しています。

　鳥類の多様性に関心を持つことで、鳥を好きになるだけでなく生物多様性へと視野が広がります。鳥類の種は熱帯の方が多いですが、北の寒冷な地域にもいろいろな種が生息しています。イギリスには313か所の「重要な鳥類の生息地」があります。この数は、熱心なバードウォッチャーや保護活動家が多いだけでなく、実際にさまざまな鳥類が生息していることを意味します。わざわざアフリカや南アメリカまで行かなくても、バードウォッチングはできるのです。

鳥類の多様性

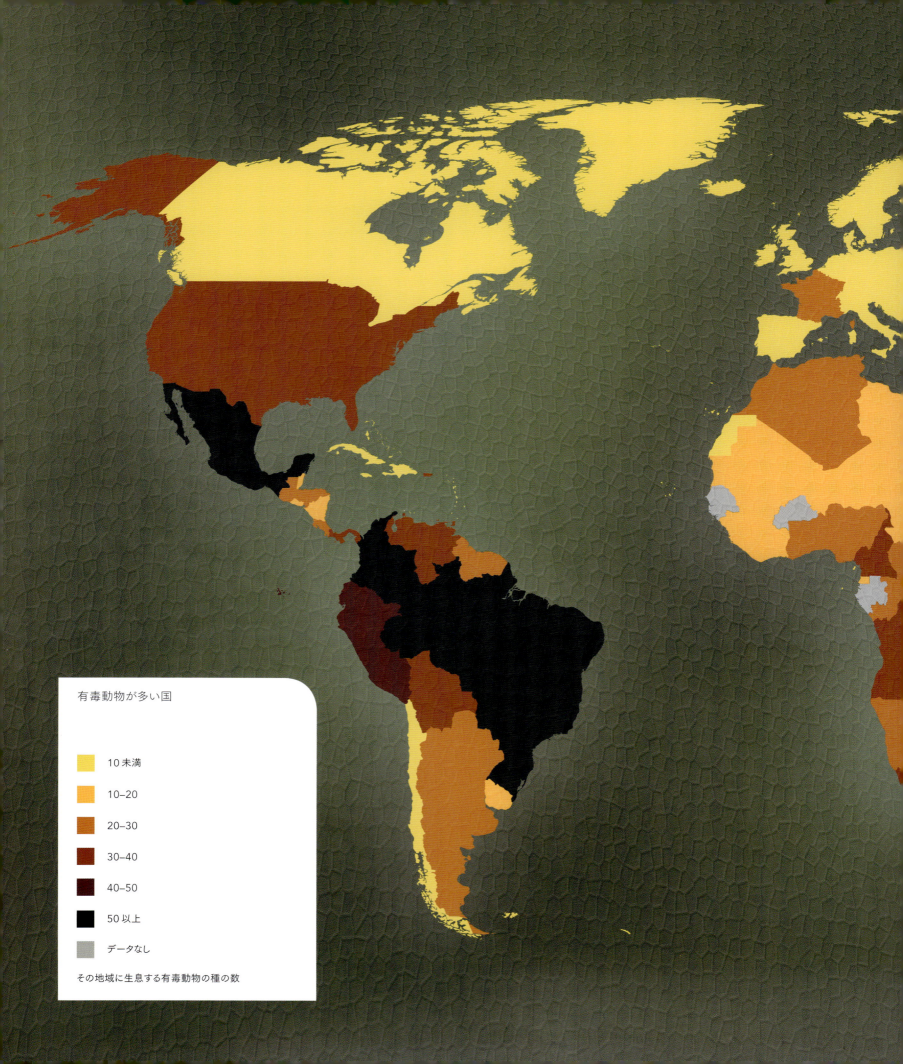

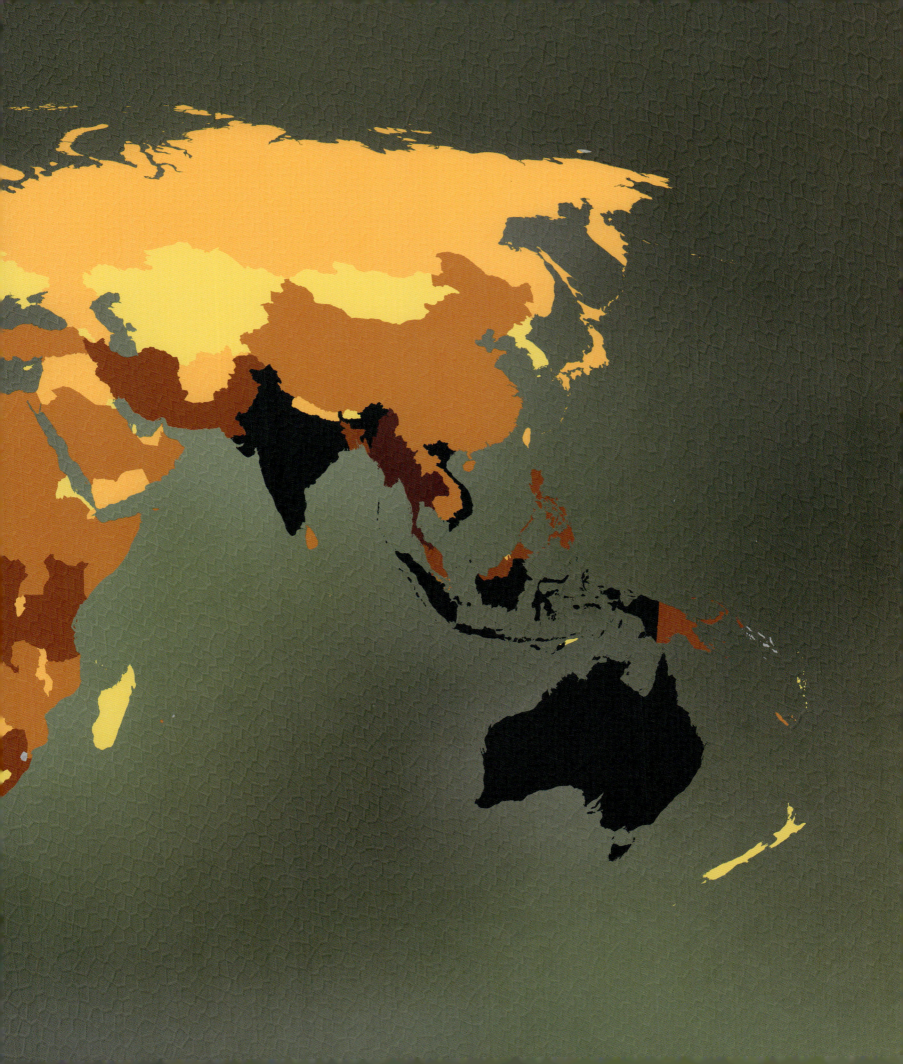

有毒動物が多い国

COUNTRIES WITH THE LARGEST NUMBER OF VENOMOUS ANIMALS

　イギリスで毒を持つ動物というと、ヨーロッパクサリヘビが知られているくらいですが、メキシコには80種、ブラジルには79種、オーストラリアには66種もいます。コロンビア、インド、インドネシア、ベトナムにもそれぞれ50種以上の有毒動物が生息しているのです。有毒動物がわずかしかいない地域と大量に生息している地域があるのは、熱帯の方が生物多様性がはるかに高いことの表れです。たいていは熱帯に生息する種数の方が多く、それに比例して有毒動物の種数も多いのです。そして、もう1つ理由があります。有毒動物の多くがヘビのような変温動物で、体温の調節機能が非常に弱く、寒いのが苦手なため暖かい環境を好むのです。この2つの理由によって、同じ国の中でも暖かい地域に有毒動物がより多く生息する傾向があることも十分に説明できるでしょう。

　自然について調べていると、すべての疑問がきれいに解消しないということがよくあります。今回もいくつかの疑問が残りました。例えば気温が高い国々の中でも、特にオーストラリアに有毒な昆虫が多く生息しているのはなぜでしょうか。アメリカに生息する有毒動物の種数が、熱帯アフリカの国々とほぼ同じなのはなぜでしょうか。ただし、1つだけすぐに解決する疑問があります。フランスに生息する有毒動物の種数が近隣諸国よりも多いのはなぜかということです。これは、南アメリカのフランス領ギアナもフランスの一部としてデータを集計しているためです。

　このマップは、アメリカの軍隊害虫獣管理会議が管理しているリビング・ハザード・データベースのデータをもとに作成しました。このデータベースには世界中の、毒で攻撃し「人間に重傷を負わせるか死亡させたと記録されている」種が500以上登録されています。主にヘビ、クモ、サソリです。その他の生物にはアメリカドクトカゲのような爬虫類や、驚くほど強い毒を持つ貝などが含まれます。筆者が注目しているのは、インド洋から太平洋にかけてのサンゴ礁で見つかるアンボイナガイです。データベースによると、まだら模様の貝殻がきれいなこの貝は、信じられないほど強力な毒を持っています。「人間に対しての毒性は体重1kgあたり0.029～0.038mgで致死量となる。適切な処置を行わない場合、この貝に刺された者の65％が死亡する。記録が残っている1670年以降の死者は36人である」。

　世界で最も危険な有毒動物は、ハコクラゲ（ハブクラゲなどの総称）で、インド洋から太平洋の沿岸を漂っています。この50年間でハコクラゲによる死者は数千人に達しています。その毒は非常に強いため、人間が刺されるとすぐにショック状態に陥る場合が多く、その結果溺れたり心臓が停止してしまうのです。

メキシコ、ブラジル、オーストラリアには多数の有毒動物が生息しているが、ヨーロッパと中央アジア、カナダには平均して10未満の種しか生息していない。

　しかしながら、世界的に見れば、最も一般的な有毒動物はヘビです。2008年に実施された研究によれば、全世界で毎年2万人から9万4,000人がヘビに噛（か）まれて死亡していると推計されました。南アジアは、ヘビによる被害が世界の中でも特に深刻です。インドだけで約1万1,000人がヘビに噛まれて死亡しています。

　思わず有毒動物と人類の戦いを描くモンスターパニック映画のようなシーンを想像してしまいますが、忘れてはならないのは、絶滅の危機に瀕しているのは有毒動物の方だということです。有毒動物による死亡事故を説明する場合、有毒動物を悪魔化するよりは、人間の生活領域が拡大している点と、十分な医療体制がなかった点を取り上げる方が適切でしょう。たいていの有毒動物は人間に干渉されるのを望まず、放っておいて欲しいだけなのですから。

有毒動物が多い国

顧みられない熱帯病
NEGLECTED TROPICAL DISEASES

　熱帯病が猛威をふるっています。何もしなければ死にいたる厄介な疾病が多いですが、たいていは適切な治療で対処可能です。なお、熱帯病がニュースで取り上げられることはめったにありません。

　「顧みられない熱帯病」と名づけられたのは、それらの疾病が「ビッグスリー」と呼ばれる3大感染症（エイズ、マラリア、結核）の陰に隠れてしまいがちで、研究資金も3大感染症の研究に集中する傾向があるためです。こうした熱帯病の多くは、その病気にかかることが社会的不名誉とされ、最貧国の最貧層、特に衛生状態が悪く、病原菌に汚染された水源を使い、家畜を人家のすぐ近く（または中で）飼育している場合に深刻な影響をおよぼしています。ハンセン病、狂犬病、トラコーマ、デング熱に加え、ギニア虫症、シャーガス病、エキノコックス症、河川盲目症といった寄生虫病があります。これらの疾病は先進国ではほぼ根絶されているため、治療薬を製造しても利益が少なく、大手製薬会社の目が向かないのです。

　よってこのマップは、顧みられない熱帯病のマップであると同時に貧困のマップでもあり、衛生状態が悪く医療体制が整っていない地域を示すものでもあるのです。複数の顧みられない熱帯病に、同時にかかることがよくあります。アフリカが明るいピンク色に塗られ、同時に複数の疾病にかかるケースが多いことをうかがわせます。ラテンアメリカとアジアのほぼ全域も熱帯病に苦しんでいます。世界保健機関（WHO）は毎年10億人以上 ── 世界の全人口のおよそ6分の1 ── が熱帯病にかかり、世界中で毎年約53万4,000人が死亡していると推計しています。

　こうした熱帯病は治療法が簡単で、しかも低コストなことが多く、たいていは必要な薬代が1人あたり1年で50セント（US）以下です。駆虫薬の錠剤を飲むだけで十分という場合も多く、そのために最適な場所の1つが学校です。登校してもらうことが、顧みられない熱帯病との戦いで大きな力になるのです。投薬を実施している学校では子どもたちが長期間通学できますが、投薬が行われていない学校では進級や卒業できない子どもたちが多いとの研究結果もあります。駆虫薬は学校の欠席率を25％減少させる一方、大人たちの収入を20％増加させました。

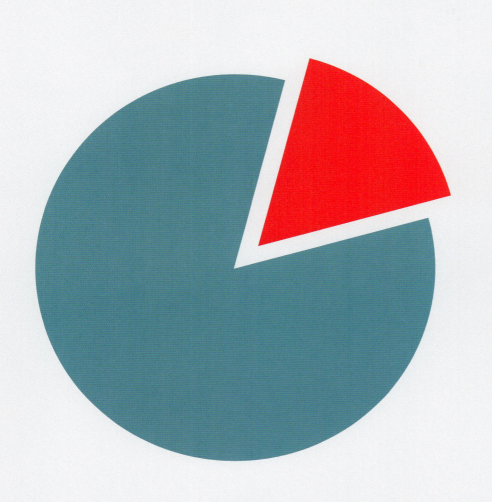

顧みられない熱帯病の患者は10億人に達し、世界の人口のほぼ6分の1になる

　熱帯病に対するロンドン宣言（2012年）では、多数の国際機関が関与し、2020年までに特に被害の大きい10の疾病を一掃することをうたいました。製薬会社はこの宣言に協力することで評判を上げようと努力しています。2015年には15億人分の錠剤が寄付されています。このロンドン宣言の主要な目標の1つは、問題を目に見える形にすることです。顧みられない熱帯病と戦うには、どの地域でどの疾病が流行しているかを明らかにすることが必要不可欠です。衛生問題において、こうしたマップが第一線のツールとして利用されるのです。一例を挙げれば、グローバル・トラコーマ・マッピング・プロジェクトでは、29か国に合計1,627の区域を設定し、トラコーマによって失明の危機に瀕している1億人の所在を明確化しました。これにより治療が必要な患者が新たに判明し、患者数は2倍になりました。そしてその約半数がエチオピアに住んでいることもわかり、同国のトラコーマ有病率は世界で最も高いレベルになっています。

世界の人口の5％

FIVE PER CENT OF THE WORLD'S POPULATION

あなたはマップ上で緑色に塗られた地域の名前をすべて言えるでしょうか？ 赤色に塗られた場所はどうでしょうか？ 緑色の部分には世界の人口の5％、赤色の部分にも同じく5％が含まれています。あまり見たことのない塗り分け方をしているので、国や州の名前を正しく言えたならそのこと自体が驚きです。まず赤色に塗られているのは、インドの3つの州 —— ビハール、ジャールカンド、西ベンガル —— とバングラデシュです。緑色に塗られている部分も国と州が混在しています。アメリカ合衆国は中央部だけ、南アメリカでは内陸部が中心になっています。この緑色の部分は世界の中でも人口が少ない地域ですが、比較的人口密度が高いフランスなども含まれています。このマップでは国や州を組み合わせて、赤と緑に塗られた部分を対照的に見せることで、世界の人口がいかに不均等に分布しているかを見事に表現しています。ベンガル湾周辺に人口が集中し過ぎていることは一目瞭然です。

このマップの原型は、ニューヨークの地図愛好家マックス・ガルカの作品です。マックスは同様の趣旨のマップをネット上で発見し、それをもとに、よりスマートな形に仕上げました。テーマをしぼりこんだマップが毎年何千も作成され、ネットに投稿されています。Wikipediaの記事にも当てはまることですが、当初は懐疑的な反応しかなくても、内容が評価されるにしたがって賞賛を受けるようになります。そのようなマップの多くは正確さを心がけ、よく考えて作られているのが普通ですが、それでも活発な議論を引き起こしています。マップを発表しているサイトにはリンクが数多く貼られています。いろいろなサイトを見ているうちに、自分でもマップを作ってみたくなることでしょう。

マックスがこのマップにつけているコメントは、問題点を的確に指摘しています。「最も興味深いのは、世界的に見れば明らかに発展途上の地域に、これほど多くの人口が集中していることだ」。またマックスは、マップを見た人々の感じ方が大きく異なることにも関心を持っています。「人口の過密状態に関心を持つ人や、発展途上国と先進国の格差といった政治的メッセージが読み取れると考える人が多いようだ」。筆者の場合、このマップが先進国と発展途上国の格差を強調しているとは思いません。それよりも人口過多という視点からマップを見てしまいます。マップの赤い部分のうち、バングラデシュの人口は2016年に1億6,400万人をわずかに超えました。これにインド東部3州の人口、

バングラデシュ
164,000,000

トケラウ
1,293

グリーンランド
56,239

多過ぎる人口と少な過ぎる人口

２億3,000万人程度が加わります。これだけの人口が、低地で洪水被害に遭いやすい狭い地域に集中しているのです。住民の健康への影響や、また環境への大きな負担が懸念されます。

　それでもマックスは「南アジアの人口過密状態を肯定的にとらえている」と述べています。「人々が密集して暮らすことは、経済、社会、環境のそれぞれの面で非常に効率的だ。このマップは、多数の人々が一緒に暮らすことで経済的チャンスが生まれるというメリットが、人口過多から生じるデメリットを上回ることを示している」と主張するのです。都市化が進展するとともに、彼の楽観主義の理由を理解することが重要になってくるのかもしれません。

世界の人口の5％

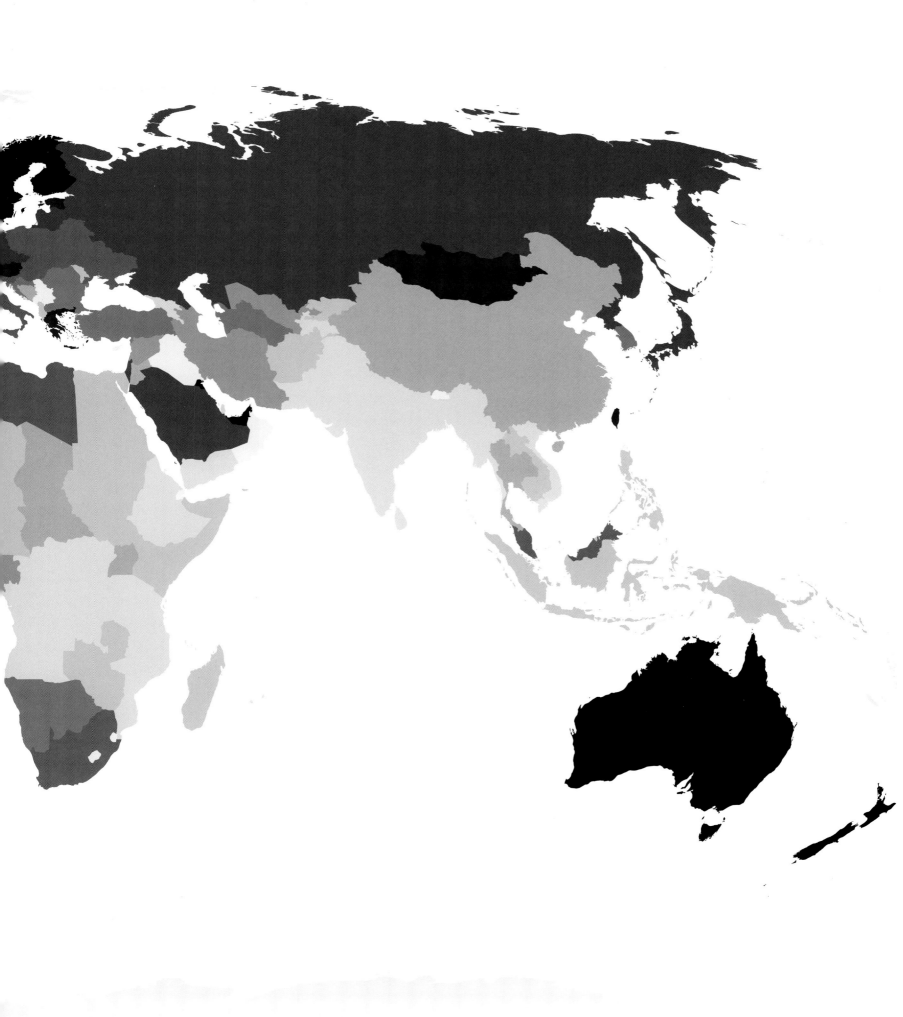

エコロジカル・フットプリント
ECOLOGICAL FOOTPRINT PER CAPITA

　1人あたりのエコロジカル・フットプリント（EF）は、その国の国民1人が消費する天然資源がどれくらいになるかを見る指標です。さまざまな度合いのグレーに塗り分けられたマップは、世界がいかにアンバランスな状態にあるかを示しています。アメリカや西欧などの先進国が食糧と燃料を消費しており、その消費スピードは他の地域よりもはるかに速いのです。例外的に、アラビア半島には北アメリカやヨーロッパ並みに裕福な国々が少数あり、数値が高めになっています。

　パシフィック・カルトグラフィー社で働くギャビー・アンリが最初にこのマップを考案しました。データの中央値（小さい順に並べたときに真ん中にくる値）は0.85でした。つまり、世界の半分の人たちはEFが0.85以上の生活を、残りの半分の人たちは0.85未満の生活をしていることを意味します。アメリカのEFは9.57なので、中央値からかけ離れた大量の消費をしていることになるのです。

　EFを算出すれば、さまざまな資源をどれほど消費しているかがわかります。洗濯機の騒音を抑えるのにも資源が使われ、家畜を飼育するのにも水が必要です。エネルギー需要が大きく、消費が盛んな国のEFは高く、貧しい国のEFは低くなります。このことからEFが高い先進国は、気候変動などといった工業化に伴う問題に重い責任があり、解決のためのコストを負担すべきだと言えるでしょう。ただし、EFの算出方法が完全に合意されているわけではありません。算出方法が異なれば、各国のランキングも異なってしまいます。それでも、どの方法を用いても先進国のEFが高いことには間違いはないのです。

　マップの元データとなったEFのランキング表を見ると、値が最も大きいアメリカに続いて、アラブ首長国連邦（8.97）、カナダ（8.56）、ノルウェー（8.17）、ニュージーランド（8.01）が並んでいます。国土が小さい国々のEFが高くなっている理由の1つは、屋内の冷暖房に大量のエネルギーを消費しているためだと考えられます。

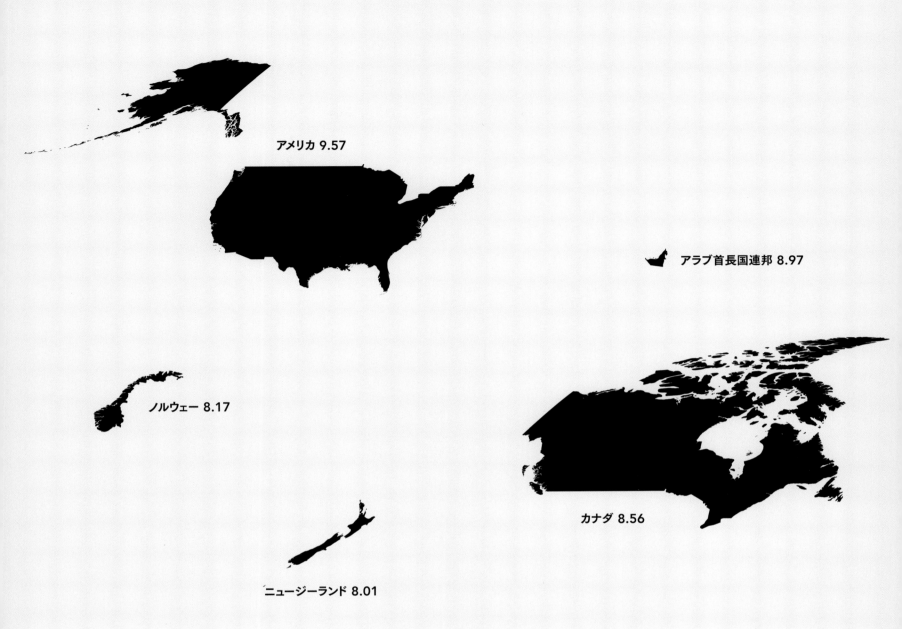

エコロジカル・フットプリントの値が大きい5か国

　ここで用いているEFは1人あたりの値ですが、EFは一人一人の生活習慣よりも社会全体の特質に大きく左右される傾向があります。つまりEFはなかなか変化しにくいのです。例えばアメリカでは、電力と物流のインフラは大量のエネルギーを消費する仕組みになっています。同国で最も低所得の共同体や個人であっても、貧しい発展途上国の平均的な個人より多くの資源を必要とします。いわば、その国の発展度合いがEFと関連していて、国が豊かになればEFの値は大きくなっていきます。このことはマップにすでに示されていて、ラテンアメリカ、東アジア、東南アジアに濃い色の国々が存在しています。

平和度 PEACEFULNESS

　アフリカから中東、ロシアを経由して南アジアにいたる国々は、暴力と不安定な政情に悩まされています。マップのもととなったデータは2016年発表のものですが、印象的な点が2つあります。まず映画や報道では、南アメリカは暴力事件に満ちているかのように扱われますが、マップではそれほどひどい状況ではありません。次に、アフリカ南部の国々はめったに評価されませんが、西ヨーロッパとくらべても遜色がない平和度です。

　このマップで使用した世界平和度指数（GPI）は、イギリスの経済平和研究所が発表した評価方法です。各国を23の指標で判定し、それらの結果を用いてGPIを算出します。23の指標は、おおまかに分類すると3つのカテゴリーからなっています。第1に国の内外で戦いが行われていないかです。本格的な対外戦争はもちろん内戦も対象となります。第2に国内の不安定さがチェックされます。犯罪発生率、テロ活動や暴動の可能性、政情の不安定さ、難民の発生度合などです。そして第3が軍事化の度合いです。軍事費の対GDP比や、人口10万人あたりの軍人数などが対象です。

　報道では先鋭的な対立が世界中にあふれているかのようですが、世界平和度指数を前年と比較した経済平和研究所は、平和度指数が低い国では状況がさらに悪化し、指数が高い国は概して平和なまま変化が少ないと結論づけました。ただし、平和度が最も低い国々と最も高い国々のギャップは拡大しているようです。同研究所はさらに、世界全体の軍事費の合計は減少傾向にあるものの、内戦状態にある中東と北アフリカの情勢は「現代の紛争が国際化する」ことを示していると指摘します。そして「難民と、紛争地域に拠点を持つテロリズムが数千km離れた国々に影響をおよぼすようになった」と述べています。

　GPIがもともと低い国々で、GPIをさらに押し下げている最大の要因はテロリズムと政情不安の2つです。同研究所によれば、テロ事件がなかった国は69か国しかなく、テロ行為は激しさを増す傾向にあります。「テロ活動によって500人以上の死者を出した国は、5か国から11か国へと2倍以上になった」

人類と野生動物

1. アイスランド共和国
1.192

2. デンマーク王国
1.246

3. オーストリア共和国
1.278

4. ニュージーランド
1.287

5. ポルトガル共和国
1.356

世界平和度指数の上位5か国

と記しています。同研究所はさらに、テロなどの紛争による経済的損失は約14兆ドルに達すると警告し、「このような損失が平和構築と維持への支出と投資の効果を打ち消している」と指摘します。さらに意外な指摘は、独裁国家と見なされている51か国中48か国で、軍人の数が減少している点でしょう。これは軍隊が技術的に高度化したためと考えられます。

　マップを作成するのに利用したデータは、各国ごとの平和度指数が算出されているため、ランキングの最上位と最下位がはっきりしています。最もGPIが高いのはアイスランドで、デンマーク、オーストリア、ニュージーランド、ポルトガルが続きます（日本は9位）。上位40位までにブータン、シンガポール、コスタリカ、カタール、マダガスカルが含まれ、ザンビアがちょうど40位です。イギリスは47位で、アメリカは103位まで落ち、ジャマイカやパプアニューギニアよりも下位です。ランキングの最下位争いに加わっているのは、紛争や混乱がつきまとう国々です。このグループにイラク、南スーダン、シリアが入っているのは驚くことではありません。しかし下位の30か国を見ると、インド、トルコ、イスラエル、メキシコなどが入っているのです。

平和度

ブラック・マーブル（夜の地球）

ブラック・マーブル
THE BLACK MARBLE

　世界が眠っている夜の地球を「ブラック・マーブル」と呼びます。太陽を背に宇宙から撮影した昼の青い地球を「ブルー・マーブル」と呼んでいたことから、夜の地球はそのように呼ばれています。ほのかに輝く都市部の周りには、真っ黒な何も見えない領域が広がっています。ちょうど大昔の地図で、既知の領域の周囲に、真っ白な未知の土地が広がっているような感じです。これらの明かりのすべてが、都市における人間の活動を示しているわけではありません。オーストラリア中央部、北アフリカ、中東、ロシアなどの人口が少ない地域では、天然ガスや石油の採掘基地で、炎が夜の闇を焦がしています。

　また、光があふれていないことで、逆に目立つ都市もあります。韓国と北朝鮮は対照的な状況になっており、朝鮮半島の南半分が輝いているのに対し、北半分は闇に閉ざされています。わずかに首都の平壌と思しき光の点が見えるだけです。これまで、夜間の照明の状況を地政学的に分析する試みはあまりなされていませんが、このようなマップを使えば興味深い結果が得られます。もし同じように、湾岸戦争のさらに前に地球を撮影していたら、イラクを支配していたサダム・フセインが、首都バグダッドと故郷ティクリートを優先的に開発し、明るく照らしていた状況がはっきり見えたことでしょう。

　レーニンは「共産主義とはソビエト権力に全国的電化を加えたものである」と述べました。今日でも、電力を使って明るい照明を維持していることは、国の発展の成果であり証明なのです。そして照明がないことは、国家運営の失敗あるいは失敗し続けていることの十分な証になります。マップ上で明るくなっているヨーロッパ、アメリカ、南アジアと東アジアは、社会インフラが機能し、夜になれば通常は街路が照明で照らされます。住民はスイッチを入れるだけで確実に光を得られる環境にいます。

　アフリカ大陸に目を転じると、曲がりくねったナイル川沿いの谷間が輝いています。しかしこの状況は、アフリカ大陸では例外なのです。人口の多い都市や町であっても、電力供給は不安定な状態に置かれています。マップを見ると、アフリカの角やアフリカ中央部には、人が住んでいないかのように思えてしまいます。確かに都市はありませんが、何千万人もの人々が暮らしています。夜間に安定した電力供給が行われていないのです。

一部を拡大すると、ナイル川沿いとペルシア湾岸の小国では、夜間に人々が活発に行動していることがわかる。

　地球上の人々が同じ時刻に疲れた頭を横たえ、親しい人におやすみのあいさつをする。そのような想像をすると不思議と慰められますが、当然のことながら世界の人々の就寝時刻はバラバラです。このマップは2012年4月の9日間と、同年10月の13日間の画像を合成したものです。この期間に、可視赤外イメージャー・放射計（VIIRS）を搭載したNASAの人工衛星は、北極と南極を結ぶ軌道を312周し、観測を行いました。1回限りの撮影ではなく連続して撮影したのです。解像度が高いため、漁船、森林火災、火山の噴火など、個々の明かりが何なのかが判別可能になっています。北極と南極の周辺に現れるオーロラは、大きな光のうねりを見せます。海洋では無数の小さな生き物が光を発し、光の帯を形作ります。光を生み出すのは人間だけではないのです。

ブラック・マーブル

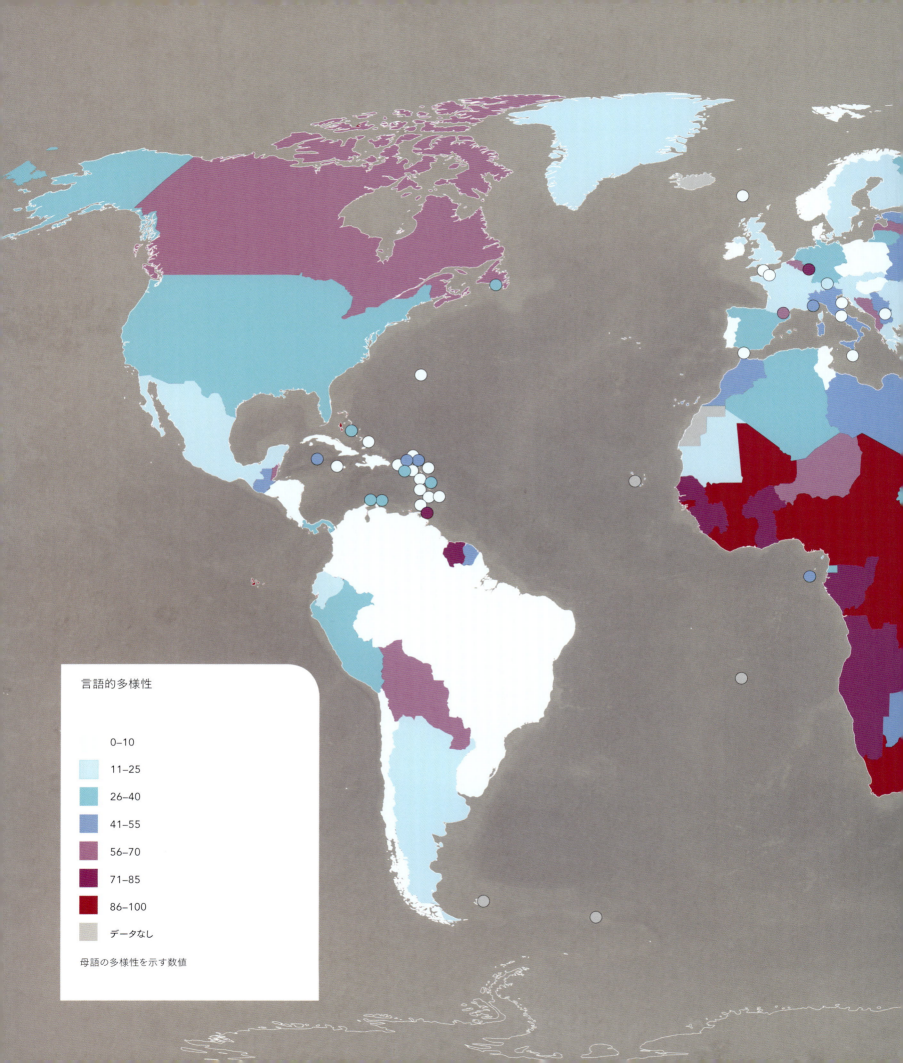

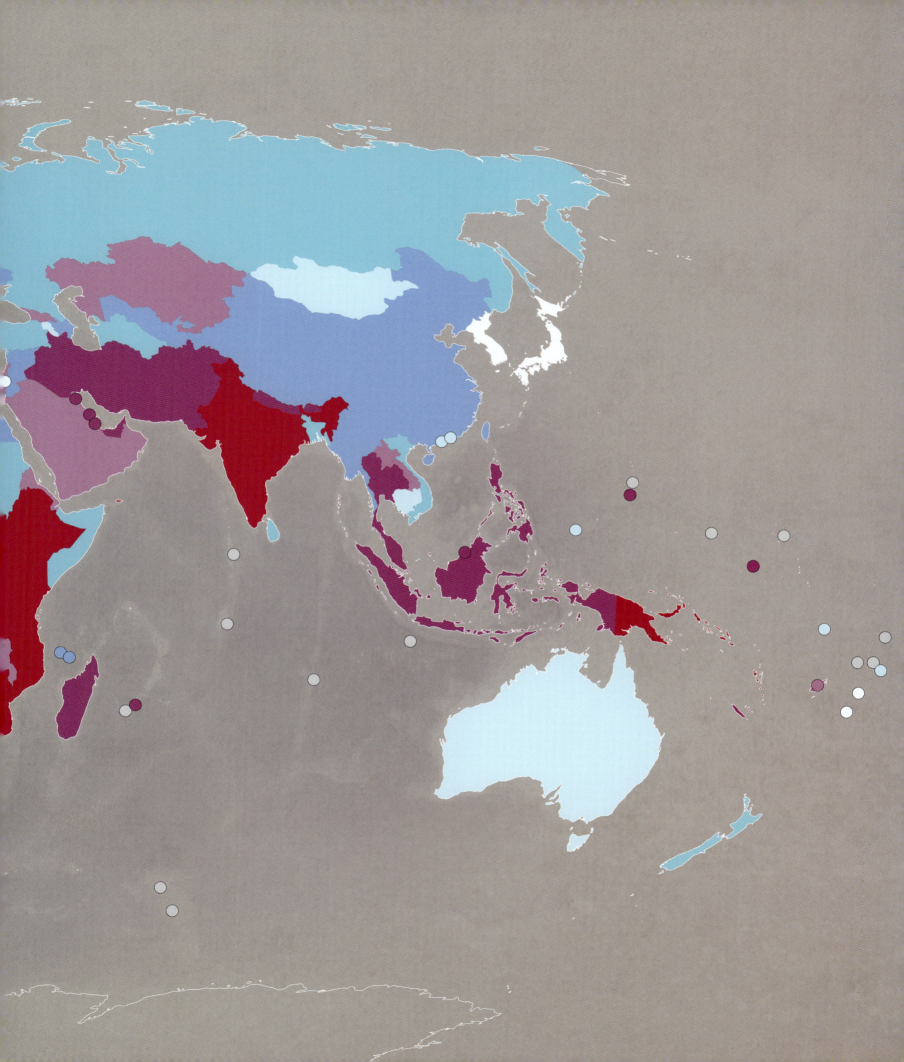

言語的多様性 LINGUISTIC DIVERSITY

　ある国の言語的多様性を調べるには、無作為に2人を選び出して、その母語が異なる確率を求めます。母語は幼児の頃から自然に習得した言語です。これは言語学者のジョーゼフ・グリーンバーグが考案した方法で、マップはこの方法で作成されています。多様性が0（全員が同じ母語を持つ）から100（全員の母語が異なる）までの値によって色分けされています。小さな円で示されているのは、ジブラルタルのような面積が小さく独特な状況に置かれた地域です。

　値が特に大きい（言語的多様性が高い）のはパプアニューギニアです。他にも言語的多様性が際立って高いのは、サブサハラアフリカ（サハラ以南のアフリカ）、インド、東南アジアの大半です。値が非常に低いか0の国は、北朝鮮、韓国、ハイチ、キューバなどです。南アメリカから中央アメリカにかけて多様性が低い国々が続きますが、実際には多数の言語があるものの、その言語を使う人口が少ないのです。同じことは北アメリカや西ヨーロッパなど、さまざまな国からの移民を受け入れている地域にも当てはまります。それに対してインドは、多数の言語が存在するものの、それぞれの言語の話者数（その言語を使っている人の数）も多いため値が大きくなっています。

　このマップは『エスノローグ2015年版』のデータをもとに作成しました。『エスノローグ』は何千もの言語のデータをまとめたものでウェブサイトと刊行物の形で入手が可能です。

　言語的多様性について考えるなら、インドの状況に目を向けるのよいでしょう。インドの人口はアフリカ大陸全体の人口に近く、およそ1,700の言語が存在します。特筆すべきは、そのうち30の言語は、話者数が100万人を超えていることです。話者数がこれだけ多くなると、母語が異なる人と交流する機会が非常に多くなります。最も話者数が多いのはヒンディー語で4億人以上になります。タミル語、マラーティー語、テルグ語、ベンガル語の話者数も、それぞれ6,000万人かそれ以上にのぼります。

　これだけの数の人がさまざまな言語を使っているため、インド人の多くが複数の言語を使う必要に迫られています。4つ以上の言語を使いこなす人も珍しくありません。このようなインドの状況を見ると、英語は共通語として使うのにとても便利です。インド以外の国で英語を使える人にとっても実にありがたい状況です。アメリカ人の75％、そしてイギリス人にいたっては95％が英語しか使えません。

イギリス人の95%が英語のみを使う

パプアニューギニアは最も言語的多様性が高い

アメリカ人の75%が英語のみを使う

　いくつの言語があるかを数えるときは注意が必要です。1つの言語として扱っても、それはすでに数え終わった言語の方言だと指摘されるかもしれません。また方言だと判断した言語も、別種の言語として分類される可能性があります。北部でドイツ語、フランス語、ラディン語などが使われているのを別にすれば、イタリアの母語はイタリア語1つしかないという意見が多勢を占めています。しかしイタリアには、サルデーニャ語からフリウリ語まで地方言語が多数存在し、母語は1つではないという意見もあります。イタリアの事情はインドにも当てはまりますし、マップには表しきれなかった他の地域にも当てはまります。言語を分類するという行為には、紆余曲折と活発な議論がつきものなのです。

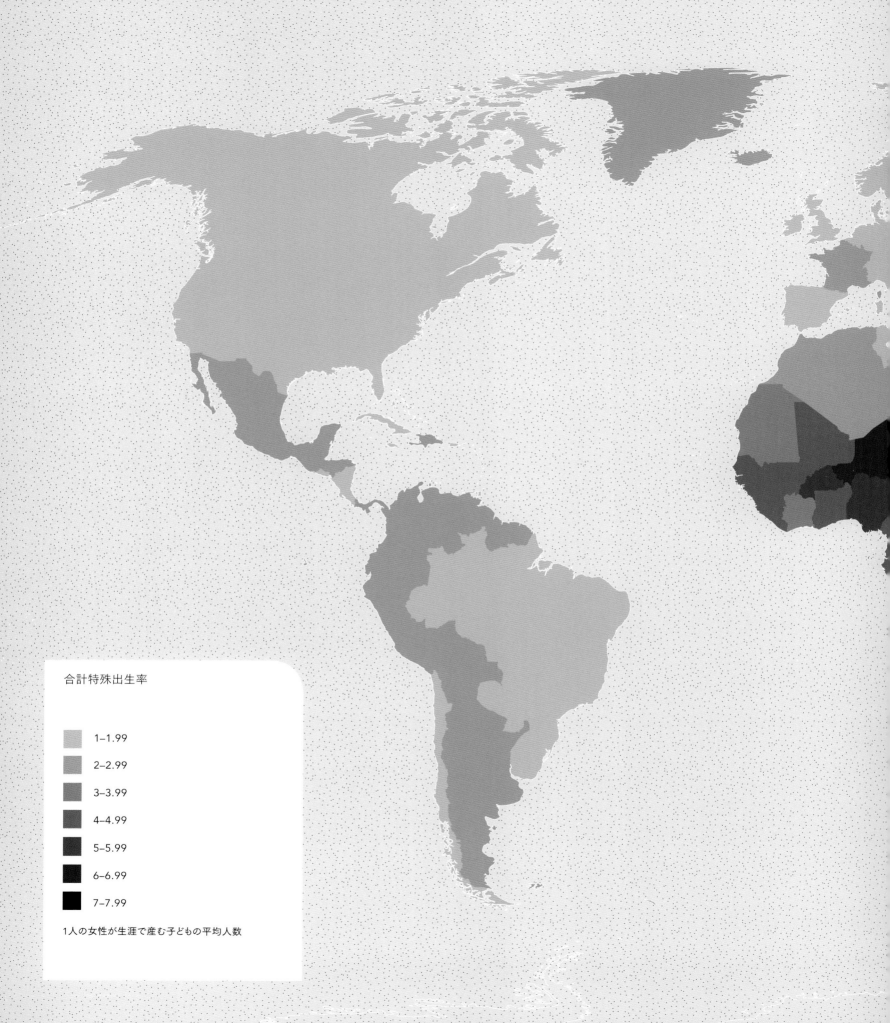

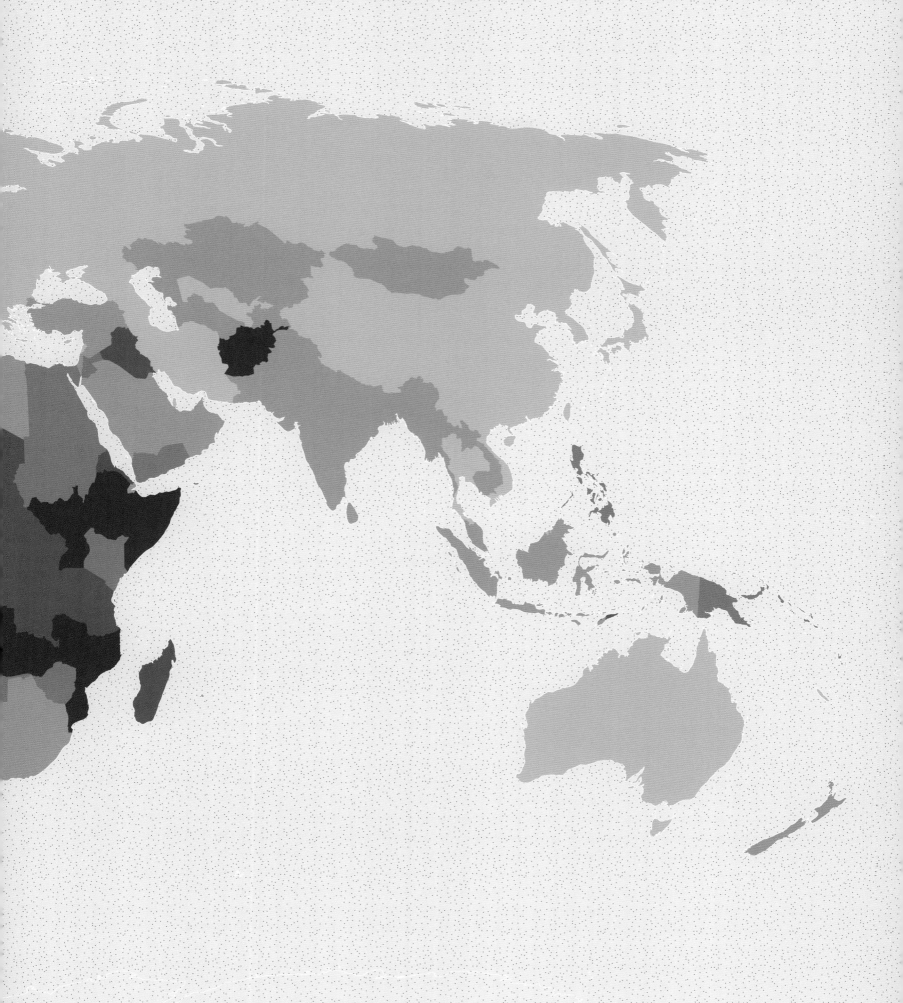

合計特殊出生率
TOTAL FERTILITY RATE

　総出生率（年間出生数を出産年齢の女性の人口で割った値）をベースにした古い考え方では、北半球の先進国では総出生率が低く、いわゆる「第3世界」では高いとされてきました。マップを見てみると、現在はアフリカの出生率が突出して高く、その周囲に色の薄い（出生率が低い）地域が広がっているという状況です。アフリカは世界の中でも例外的に家族の構成人数が多く、アジアやラテンアメリカに比べても大家族になっています。アフリカには最も発展が遅れ、貧しく、教育水準が低い国々が多数存在するという事実から、この出生率の差を説明できます。インドやブラジルなど他の国々は、小家族化が可能になるほど富を蓄えてこられました。しかしアフリカの大半は、まだその段階に達していないのです。しかしよく見ると、アフリカの中にも違いがあります。最南端に位置する南アフリカとボツワナ、そして北端に位置するモロッコ、アルジェリア、リビア、チュニジアは、他のアフリカ諸国よりも出生率が低くなっています。

　出生率を説明するときに焦点になるのが、その社会での女性の地位です。女性に選択権がある状況ならば、あまりにも多くの子どもを望むケースはまれです。限度を超えた多産は、女性や子どもの経済的自立を妨げ教育の機会を奪うだけでなく、母体にとって危険でもあります。サブサハラアフリカ（サハラ以南のアフリカ）の母体死亡率は世界で最も悪い状況にあり、10万人が産まれる間に1,000人の母親が死亡しているのです。それでも現在の出生率の動向が変わらなければ、2050年にはナイジェリアの人口がアメリカと同じになり、21世紀末には7億5,000万人を超えてしまいます。

　2050年には、全世界で生まれてくる子どもの3人に1人がアフリカ人になるという予測があります。しかしアフリカの国々が他の国々と同様の道をたどるとすれば、出生率は低下し、人口過多による問題は緩和されていくはずです。また、アフリカの総人口がほぼインドと同じであることも指摘しておきます。現在、大陸全体で見ると、アフリカは世界で最も人口密度が低い地域の1つです。もし人口過多について考察するならば、ヨーロッパのような人口密度が高い地域を対象にした方がよいでしょう。

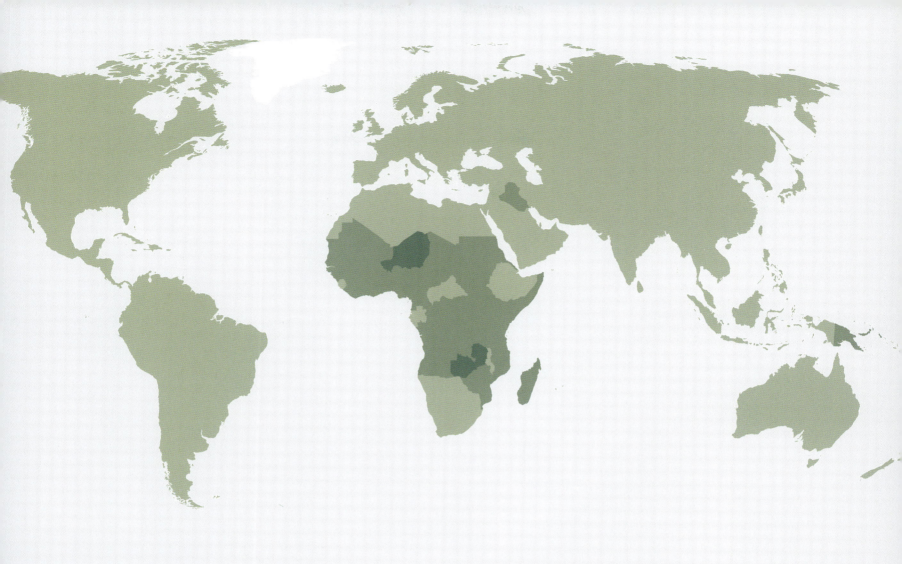

国連が予測した2070年の合計特殊出生率。全体的に下がってきている中で、アフリカとその他の国々との違いが現在よりも際立っている。

　このマップは2015年のデータをもとに作成しました。マップからは「問題」だけでなく「希望」も読み取れます。世界の多くの地域で、女性の地位と教育レベルが向上し、避妊を選択できるようになっているのです。家族計画や避妊について考えるよう促す政策をとる国が、過半数を占めるようになりました。2016年に終了した中国の一人っ子政策やインドの産児制限など、極端な政策がとられることもあります。しかし小家族化にとって重要な2つの要因は、経済成長と女性の社会的地位向上なのです。

　合計特殊出生率は普通出生率とは算出方法が異なります。普通出生率は人口1,000人あたりの1年間の出生数を示し、調査時点での状況を示すものです。これに対して合計特殊出生率はより複雑な計算が必要ですが、長期的視野から見た傾向を示します。まずその国の女性が、出産可能な年齢の間は生存したとします。そしてそれぞれの年齢で、その国のその時の出生率にしたがって子どもが産まれたとして計算するのです。合計特殊出生率が2.1より低ければ、その国の人口（移民の流入を除く）は減少傾向にあると判断できます。

合計特殊出生率

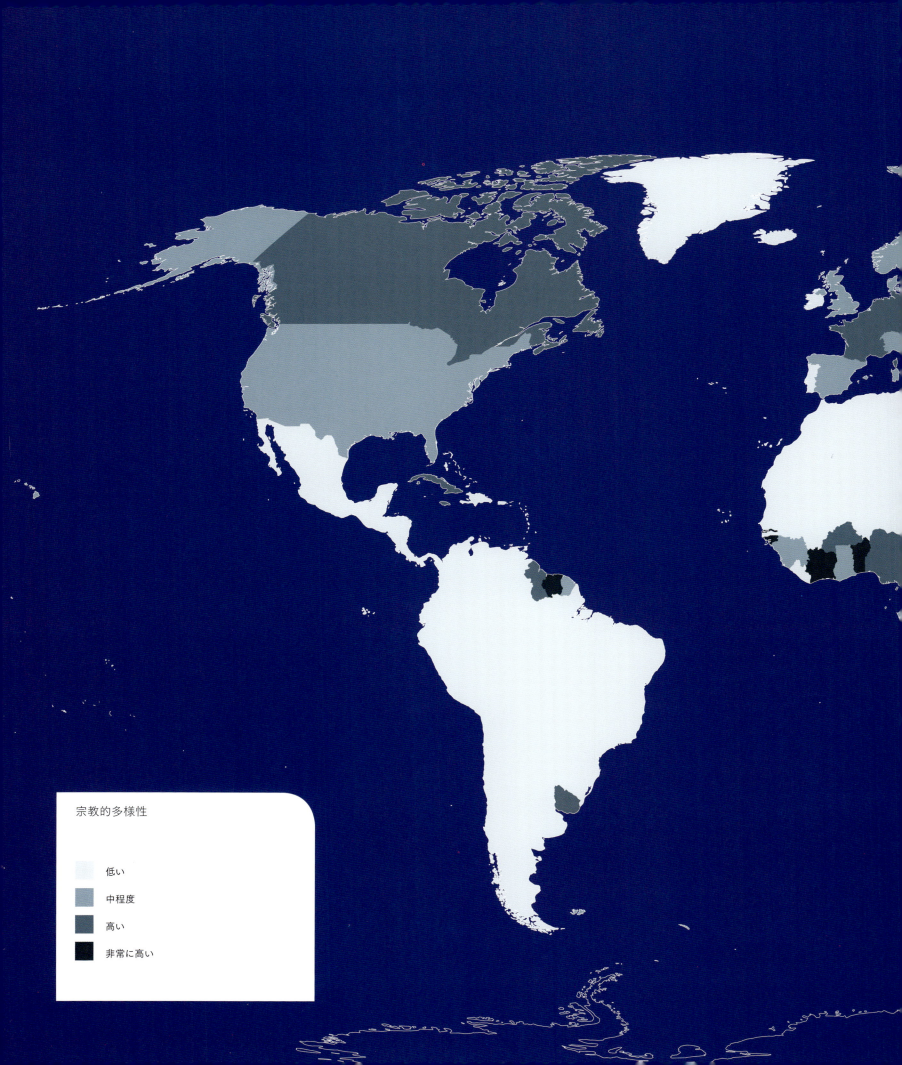

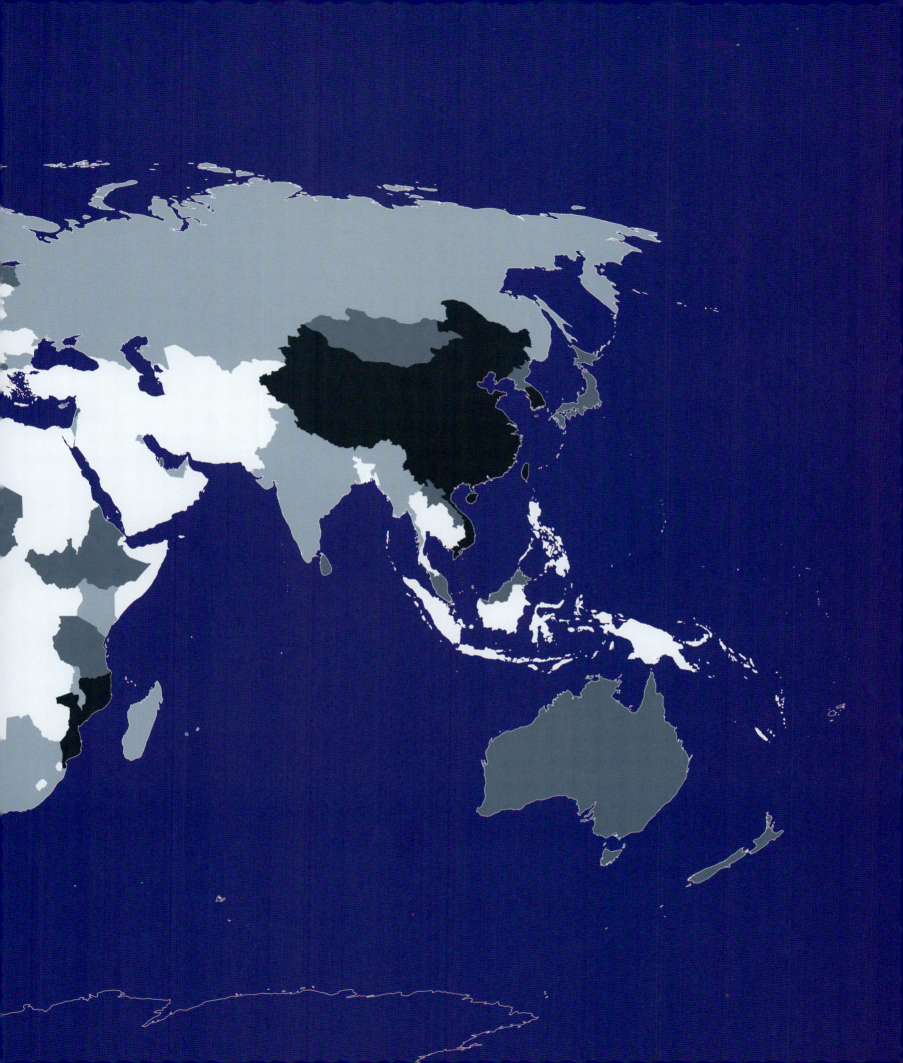

宗教的多様性
RELIGIOUS DIVERSITY

　驚くような結果になりました。世界最大の共産主義国家である中国の宗教的多様性が世界トップクラスだというのです。また北半球の大半の国々は宗教的多様性が高く、東アジアおよび西アジアにも多様性が高い国々が連なっています。アフリカの国々は違いが激しく、多様性が高い国の隣に著しく低い国が存在するという具合です。中南米はその多くが単一の宗教を持つ国々です。

　宗教的多様性を測る方法はさまざまです。このマップは2010年のデータをもとに、世界的に広まっている８つの大宗教（およびグループ）に着目し、各国での宗教ごとの信者数の割合から分類したものです。８つの宗教の信者数の割合が均等に近いほど、その国の宗教的多様性は高いとしています。これは宗教への寛容さを示すマップではない点に注意が必要です。その国で宗教的多様性がどのように考えられ、受け入れられているかは、マップからはわかりません。また宗派（教派）の違いも考慮していません。世界キリスト教研究センターの2012年の推計では、キリスト教の教派は４万3,000に達します。もしこの膨大な教派を別々に扱うと、マップの作成は困難になり、完成しても見づらいものになるでしょう。

　マップを作る際に選んだ８つの宗教の顔ぶれを見れば、なぜこのような結果になったかが納得できると思います。中東、インドなどを発祥の地とする仏教、キリスト教、ヒンドゥー教、イスラム教、ユダヤ教の「５大宗教」は、信者数の合計が世界人口のほぼ４分の３に達する巨大宗教であり、世界的によく知られています。これに対して、それほど知られていないにもかかわらず選ばれたという点で、他の３つの宗教（およびグループ）には興味がひかれます。まず１つ目は無宗教者のグループですが、集計の都合上、無神論者と不可知論者が含まれます。これらの人々は、通常は宗教の信者としては数えられないため、不適切な分類だと思われるかもしれません。でもよく考えてみれば、理にかなった対応であることがわかるでしょう。宗教に懐疑的、あるいは宗教は信じないという人のどちらも、宗教に対する態度を明確にしています。周囲が宗教を信じている状況で、そのような行為ができるということは、宗教的多様性が高いということなのです。無神論を禁じたり、とんでもない考えだとして排斥している社会は、本当に宗教的多様性が高いとは言えません。しかし逆に、中国のように無神論が行き渡っている社会も、本当の意味での多様性は高くないのです。２つ目と３つ目のグループは、５大宗教に比べれば小さい宗教の信者たちです。バハーイー教、ジャイナ教、神道、シーク教、道教、天理教、ウィッカ、ゾロアスター教など規模が小さくても広く信じられている宗教や、いわゆる民族・部族宗教が含まれます。

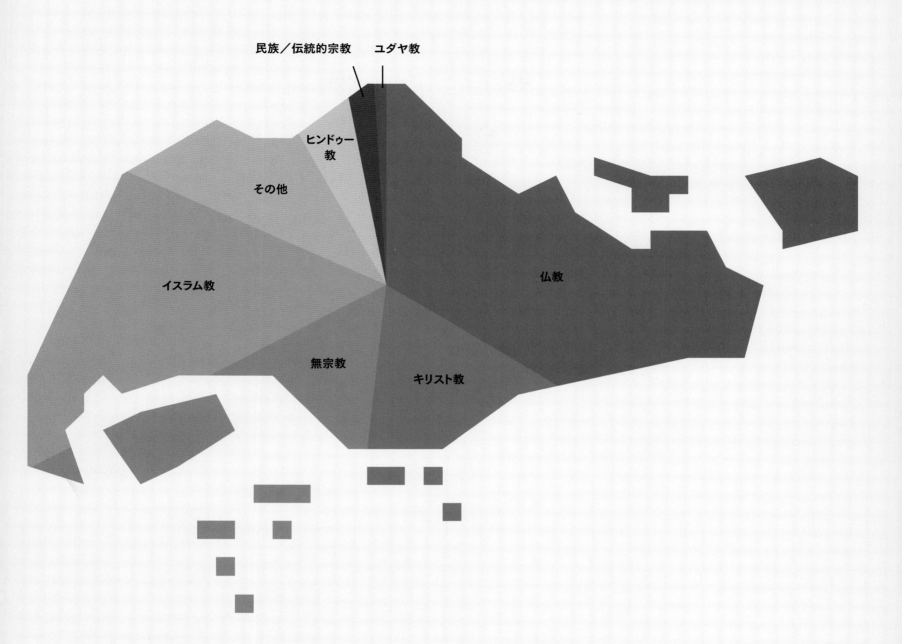

最も宗教的多様性が高いシンガポールの宗教別の構成比を同国の形を使ってグラフ化した。

8つの宗教（およびグループ）に分類する方法を考案し、マップのもととなったデータを集計したピュー研究所は、調査した中ではシンガポールが最も宗教的多様性が高いという結論を出しました。シンガポールの人口の3分の1が仏教徒、18％がキリスト教徒、16％が無宗教者、14％がイスラム教徒、10％が「その他の宗教」、5％がヒンドゥー教徒、2％が民族または伝統的宗教の信者、1％未満がユダヤ教徒です。宗教的多様性が最も低い9か国は興味深い組み合わせです。パプアニューギニア、西サハラ、イラン、ルーマニア、チュニジア、東ティモール、アフガニスタン、ソマリア、トケラウ、モロッコ、そしてバチカン市国です。

宗教的多様性

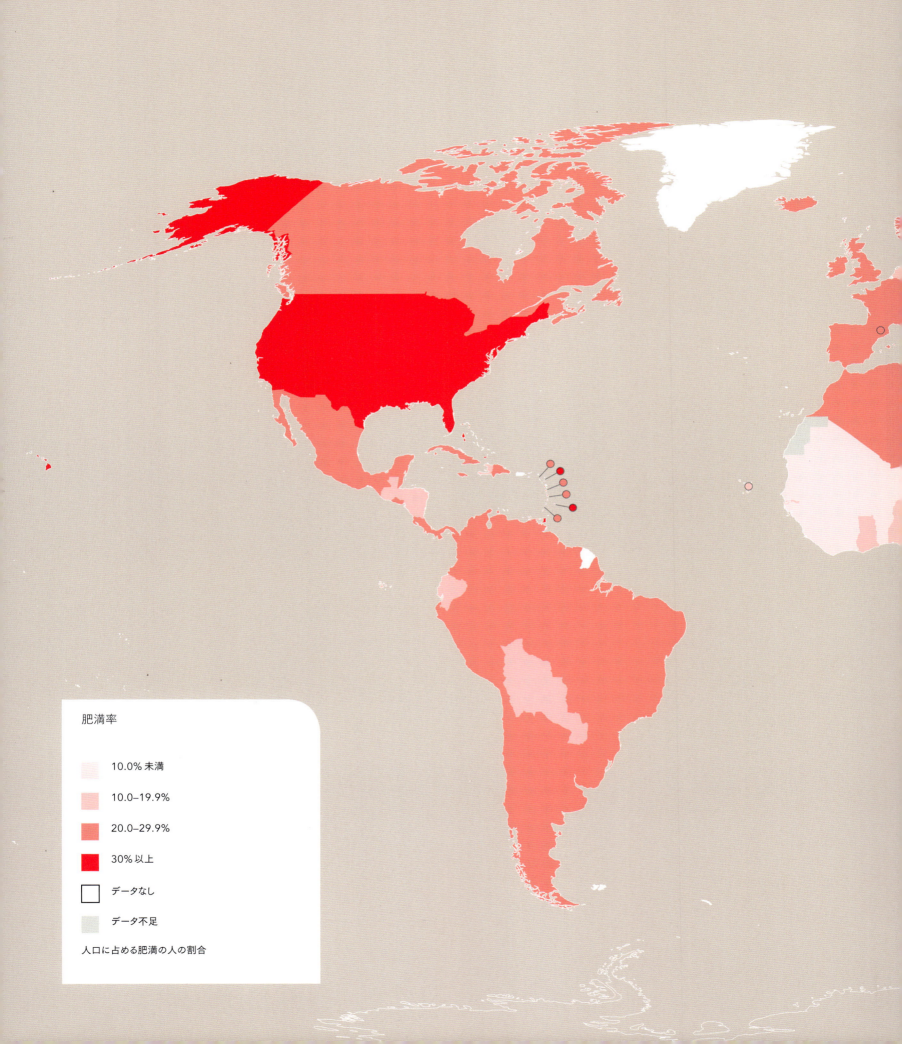

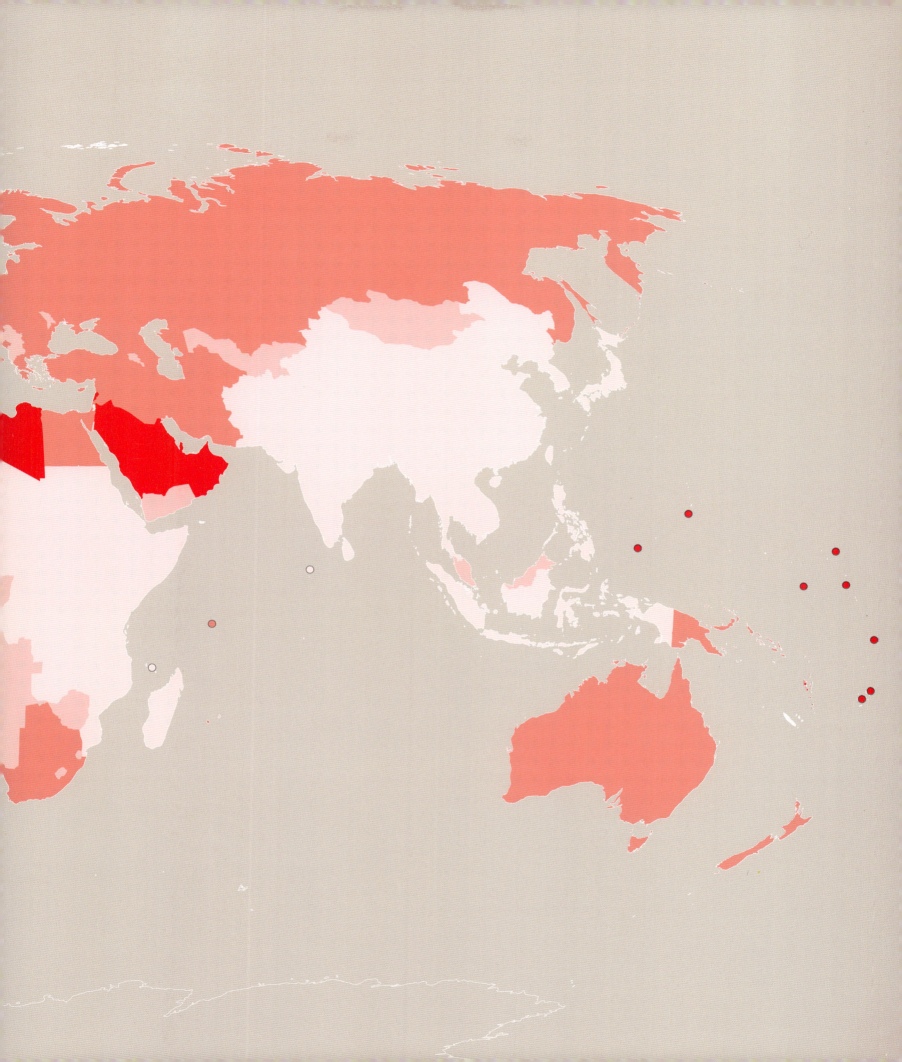

肥満率 OBESITY

　世界で5億人以上が肥満になっています。肥満は世界的な問題であり、人類が直面している深刻な健康問題です。マップを見れば、どの地域が最も深刻な状況に陥っているかがひと目でわかるでしょう。

　このマップは世界保健機関（WHO）の2014年のデータを使って作成しました。肥満の人の割合が最も高いのはアメリカ（27%）、最も低いのは東南アジア（5%）です。ここではBMI（ボディマス指数）が30kg/m^{2}以上の場合に「肥満」として集計しています。BMIは体重を身長の二乗で割った値です。アメリカに肥満の人が多いのは驚くことではありませんが、中東でも肥満の人の割合が欧米並みの国があることはあまり知られていません。特にサウジアラビアとリビアで多くなっています。

　肥満という観点から見ると、北アフリカとサブサハラアフリカ（サハラ以南のアフリカ）は決定的に状況が異なっています。WHOは「BMIは所得水準の増加にしたがって増える」と指摘し、肥満と判定される人の割合が「高所得国では低所得国の4倍に達する」と述べています。これは参考にすべき指摘かもしれませんが、マップを細かく見ると、あくまで「傾向」であることがわかります。日本を含む東アジアの国々は、所得水準が比較的高いにもかかわらず肥満の人はあまりいません。またアメリカとカナダで肥満の人の割合が異なる一方、ヨーロッパで所得水準が高い国と低い国を比較してもそれほど差異がありません。どうやら所得だけで肥満の傾向を説明するのは無理があるようです。そこでもう1つの重要な要因に目を向けてみます。食べ物の違いです。確かに、濃い色で塗られた（肥満の人の割合が高い）国々は、肉や乳製品を毎日摂取する文化圏に属しています。これに対して東アジアで薄い色に塗られた国々は、魚を多く食べ、乳製品の摂取は比較的少ない文化圏に属します。

　さらに詳しく分析すると、別の要因が浮かび上がってきます。肥満の問題が最悪な状況になっている国は、アメリカでも北アフリカ諸国でもなく、太平洋島嶼国なのです。肥満の人の割合を比較すると、アメリカ領サモア、サモア、トンガなどが常に上位に入ってきます。肉と乳製品が主体の食事になったこと、

人類と野生動物

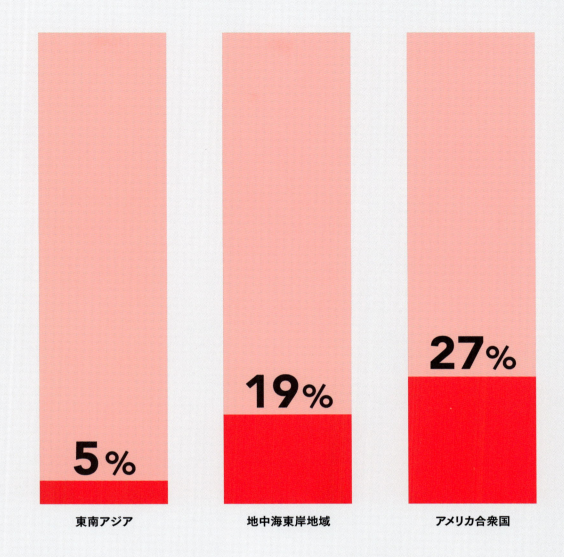

日常生活で身体を動かさなくなったこと、太った身体が社会的地位と富を示すという文化、これらすべて組み合わさって肥満につながっていると考えられます。

　肥満の問題に関しては、地理的な条件を分析するよりも、示された指標そのものに目を向けた方がよいでしょう。濃い色に塗られた地域では、人口の20％以上が肥満です。肥満は重要な問題であると同時に、世界の大半の地域に共通する問題でもあります。高所得国では、富裕層が高価であっても健康的な食事をとることが多くなりました。それでも世界の全体的な傾向としては、収入が上がると寿司や低脂肪の飲み物をとるのではなく、太りやすい加工食品を大量に摂取しています。これこそが、肥満問題の最も重要なポイントなのです。

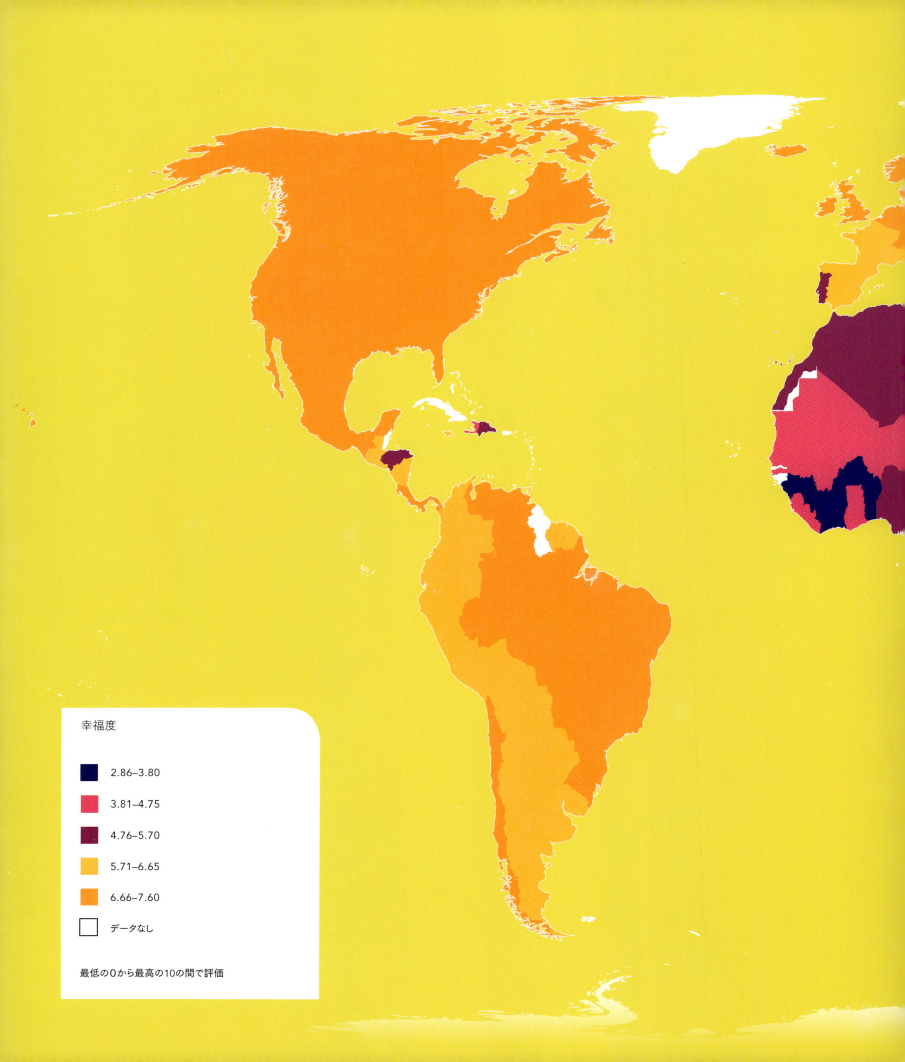

幸福度 HAPPINESS

　お金で愛は買えませんが、幸福なら手に入りそうです。このマップは、アンケートの回答を国ごとに集計したデータから作成しました。すぐに目につくのは、最も貧しい地域であるアフリカの大半、中東、南アジアが、他の地域よりも幸福度が低いことです。そして裕福なアラビア半島諸国と、欧米など先進国の多くで幸福度が高くなっています。豊かなほど幸福度が高くなるように見えますが、ラテンアメリカでは状況が異なります。ラテンアメリカに住む人々の一部は、より裕福なアメリカ合衆国に住む人々と同じくらい幸福だと思っています。これは少々理解しがたいことです。何しろ、ラテンアメリカの1人あたりGDPはロシアと同程度なのです。

　このマップは「世界幸福度報告」をもとにしています。この報告書は、ブータン政府の提唱で開催された、2012年の国連「幸福に関するハイレベル会合」で初めて発表されました。この取り組みに強い関心を持つアラブ首長国連邦は、「世界で最も幸せな国になる」という目標を掲げています。

　世界幸福度報告は、現在の自分の生活をどう感じているかについて、0〜10の間の数値（最低は 0 で最高は10）でアンケートをとっています。今回のマップでは、2012〜2014年の調査結果の平均値を用いました。この報告書ではいくつかの変数を設定し、それらと幸福度の相関関係も分析しています。その結果、幸福度は変数の1つである「人口あたりGDP」だけで決まるのではなく、社会的支援、健康寿命、人生の選択の自由度・寛容さ、政府が腐敗していないと感じているかといった要素も大きな影響を与えていることがわかりました。裕福かどうかは重要な要因ですが、それですべてが決まるわけではなく、健康かどうか、開かれた社会かどうかも重要なポイントなのです。

　調査対象158か国の上位と下位の顔ぶれを見ると、予想外の国が入っていることがわかります。上位にはスイス、アイスランド、デンマーク、ノルウェー、カナダ、フィンランド、オランダ、スウェーデン、ニュージーランド、オーストラリアが続き、アメリカは15位でメキシコの1つ下、ブラジルの1つ上です。

1. ノルウェー
2. デンマーク
3. アイスランド
4. スイス
5. フィンランド

2017年の世界幸福度報告では、北ヨーロッパの国々が依然として上位に並んでいる。(日本は51位)

イギリスは21位でアラブ首長国連邦よりも下位ですが、ドイツ（26位）、フランス（29位）、スペイン（36位）、イタリア（50位）よりは上です。非科学的な見解ではありますが、筆者なりの分析では、イギリスが近隣のヨーロッパ諸国よりも幸福度で上回ったのは、不平不満を楽しんでいるからでしょう。何かにつけ文句を言うことが、イギリス人にとっては日常の楽しみの1つなのです。幸福度の下位は、ほぼアフリカ諸国で占められています。アフリカ以外ではシリアとアフガニスタンがワースト10に入っています。

幸福度

グローバリゼーション

GLOBALISATION

Twitter のつながり

Twitterのつながり
TWITTER RELATIONSHIPS

　1ツイートにつき140文字という制限がありながらも、Twitter（ツイッター）は世論を知るためのツールとして使われています。マップは、そうしたTwitterの機能の1つであるリツイートのつながりを示しています。リツイートは、おおまかに言えば、ユーザーが注目したツイートを転送して他のユーザーに知らせる機能です。このリツイートに目を向けると、世界のどの地域とどの地域が互いに関心を持ち合っているか、あるいは互いに無関心かを知ることができます。集計対象は、2012年10月23日から2012年11月30日の間に行われたリツイートです。

　データを整理し、集計した結果、4万2,000もの強いつながりを抽出できました。マップ上には、つながりがはっきりと浮かび上がっています。まず大西洋を飛び越える膨大な量のつながりがあり、さらにアラビア半島、東南アジアの諸都市へとつながっています。対照的に、南北アメリカ間は思ったほど互いに関心を持っていません。それよりも南アメリカがヨーロッパと強くつながっています。中国ではTwitterは禁じられているため、中国の大都市をとばして、韓国と日本に向けてつながりを示す線がのびているのは当然でしょう。

　この美しさすら感じさせるマップをまとめたのは、イリノイ大学アーバナ・シャンペーン校の情報科学の研究者たちです。明るい線が、バレエのように世界中を飛び回っています。大陸間を結ぶ長い線に目が行きますが、細かく見ると、近距離間でのリツイートの方が多いことがわかります。アメリカ東海岸には、国内はもとより海外からのリツイートが集中し、一種のハブのようになっています。ただし遠距離に住む人のツイートよりも、近距離に住む人のツイートをリツイートする傾向が世界的に見られます。リツイートでつながっているユーザー間の平均距離は1,000kmを少し超えています。この距離が短くなるにつれ、リツイート数は劇的に増加します。

　また、一部の地域間のつながりの強さにも驚かされます。2017年初頭のTwitterのアクティブユーザーは、世界で3億2,800万人です。このうち7,000万人がアメリカ、1,400万人がイギリスにいました。マップを見るとわかるように、アフリカのユーザーは少なく、アフリカ大陸で最も人口が多いナイジェリアでさえ、ユーザーは200万人です。もしTwitter社の主張どおり、ツイートが「地球の脈拍」であるなら、地球の心臓は一部の地域に偏って血液を流していることになります。

イギリス

14

（単位は百万人）

ナイジェリア

2

（単位は百万人）

アメリカ

70

（単位は百万人）

Twitterのアクティブユーザーは全世界で3億2,800万人（2017年第一四半期）。そのうち3か国のおおよそのユーザー数

　イリノイ大学の研究チームは、Twitterと既存の主要メディアの普及度合いを比較し、「ラテンアメリカでは既存メディアの普及度合いが著しく低いが、アフリカでは非常に高い」ことを発見しました。そして「Twitterよりも既存メディアの方が広く世界を網羅しているようだ」と結論づけています。

　研究チームは、他にもTwitterについて分析したマップを作成し、実際の利用状況、慣習、地理的条件を考慮した包括的な見解をまとめました。それによると、ほとんどの地域でツイートは自国語で記入するものの、場所を示すときは英語にする人が多いということです。そして単に地名を記入するだけでなく、「光の街パリ」といったように何らかの言葉を足しています。この現象について研究チームは、1つの理由を推測しています。「世界中のユーザーが、自分のツイートが検索で引っかかるように工夫しているのではないか」というのです。そして「英語を使っている人たちに自分のツイートの内容が理解されてなくても構わないが、自分が存在していることは知って欲しい」と願っているのではないかと説明しています。

Twitterのつながり　　157

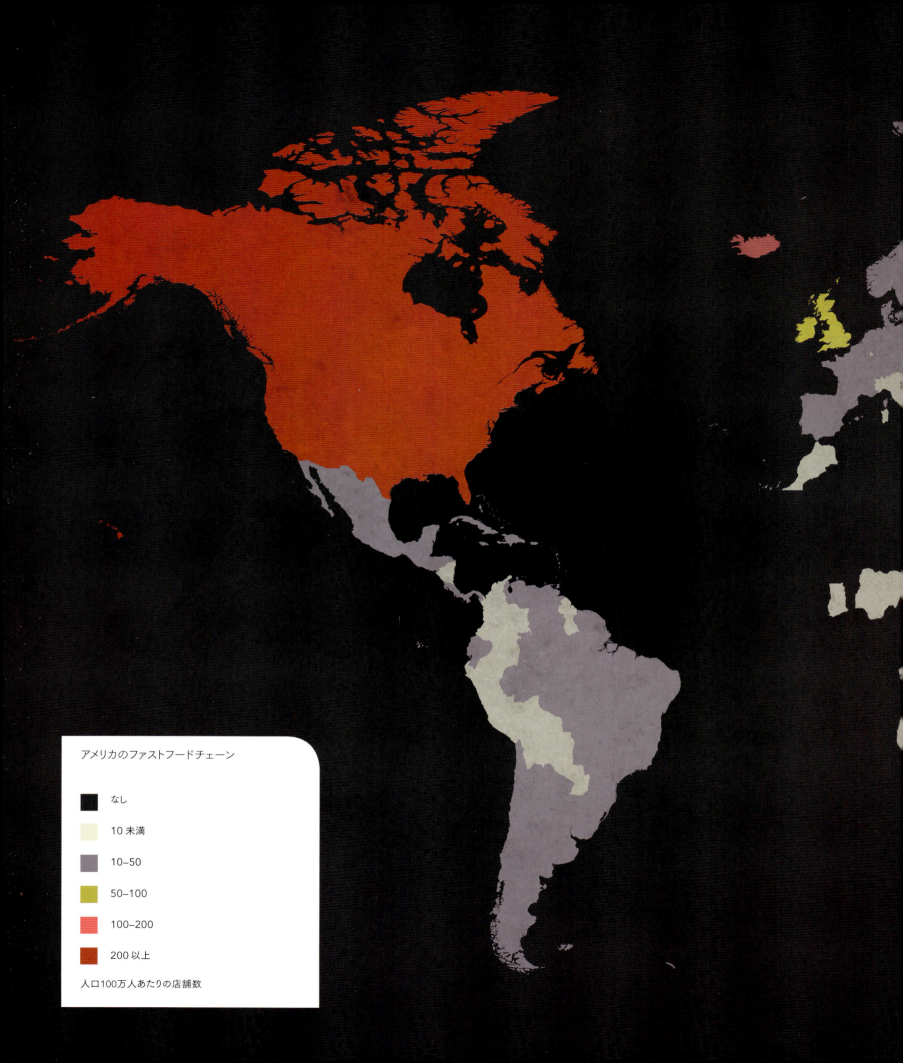

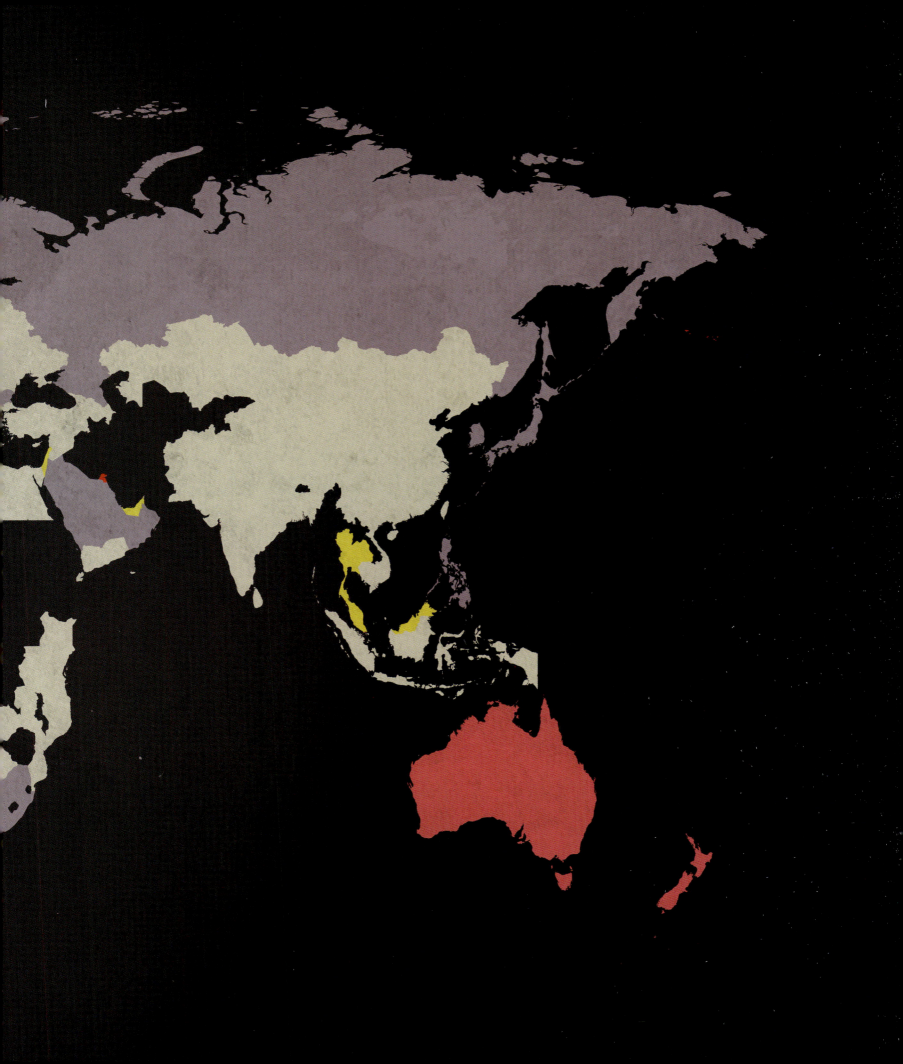

アメリカのファストフードチェーン
US FAST-FOOD FRANCHISES

　アメリカのファストフードチェーンは世界各国にフランチャイズ型の事業展開をしています。これはファストフードが広まるというだけでなく、ビジネスにおいてフランチャイズモデルが成功したことを意味します。フランチャイズであれば、本部は加盟店のオーナーにビジネス上のリスクを負ってもらえます。オーナー側は、すでに知られているブランドの力を借りられます。このマップが示すのは、人口100万人あたりのファストフードチェーンの店舗数です。対象となっているのはブランドはマクドナルド、サブウェイ、ピザハット、スターバックス、KFC（ケンタッキーフライドチキン）の5つです。

　どの国にも独自のファストフード店があるものです。中東の都市に行けば、路上の屋台でファラフェル（コロッケのような揚げ物）が売られています。麺類を売る国も多いでしょう。どれも安く手に入り、すぐに食べられます。アメリカ発祥のファストフードは、このような伝統的な食べ物とは少々違います。マニュアルにもとづいて調理されたものが、カラフルで派手な店舗に配送されます。マップを見るとアメリカ型のファストフードが特に好まれている地域がわかります。オーストラリアとイギリスには店舗が多く、アイスランド、アラブ首長国連邦、マレーシアも同様です。

　逆にアフリカには店舗が少なく、国によってはマクドナルドのハンバーガーを食べられません。アフリカでは伝統的料理が好まれ、ファストフードは嫌われていると考えればよいのでしょうか。それよりも、経済的発展が不十分で、店舗を開店できる企業家層と店に通える顧客の人数が少な過ぎるのだという説明の方が説得力があります。

　取り上げた5つのチェーンは、まったく同じように世界展開しているわけではありません。ヨーロッパではマクドナルドが成功を収めていますが、KFCが東アジアと東南アジアで手にしている成功にはおよびません。2013年には、中国国内のKFCの店舗数が、アメリカの店舗数を上回りました。マップでは中国は明るい色（100万人あたり10店舗未満）に塗られていますが、これは店舗の数が少ないからではなく、中国の人口があまりに多いためです。最近の世界展開の成功例としてサブウェイがあげられます。ヨーロッパ、アジア、南北アメリカで急激に店舗が増加し、現在では112か国に約4万5,000店を展開しています（マクドナルドは3万6,500店）。

　アメリカのファストフードチェーンのすべてが、世界展開しているわけではありません。ホワイト・キャッスルのように海外に出店したものの失敗したケースもありますし、タコベルやクリスピー・クリーム・ドーナツのようにさら

マクドナルド
36,500 店舗を
119
か国に展開

KFC
19,955 店舗を
123
か国に展開

スターバックス
20,995 店舗を
70
か国に展開

サブウェイ
44,810 店舗を
112
か国に展開

ピザハット
16,125 店舗を
59
か国に展開

世界展開中のファストフード5社の勢力状況。サブウェイが世界に急拡大し、トップ企業の1つになっている。

なる拡大を目指して奮闘中のチェーンもあります。海外進出に失敗したというニュースが断続的に続いていますが、世界にはまだ、アメリカのファストフードチェーンが展開する余地はあるようです。アメリカが拡大を目指す一方、他国のファストフードチェーンは、国内展開はするものの海外進出には消極的です。ファストフードのように競争が激しい市場では、このような状況は少々不思議に感じられます。ファストフードの世界では、アメリカ型のビジネスモデルをとるか、とらないかの二者択一になっているのです。

アメリカのファストフードチェーン

航路
SHIPPING ROUTES

　インターネットと空の旅が全盛のようですが、輸出入品の大半は船舶で運ばれています。『エコノミスト』誌は、コンテナ船は「過去50年間のいかなる貿易協定よりも強力な、グローバリゼーションの推進者である」と主張しています。船舶への積み込みと荷下ろしは、かつては人手がかかる労働集約的な作業でしたが、コンテナの導入によって作業は自動化され、効率がよくなりました。また、コンテナのサイズを規格化することで、世界的な物流システムが構築されたのです。

　船舶を用いた貿易の60％でコンテナが使われ、残りの40％は「ばら積み貨物船」が運んでいます。青のラインが印象的なこのマップは「大圏距離（大円距離）」での航路を示しています。大圏距離とは、球面上の2点間を最短で結んだ場合の距離です。地球の場合、途中に陸地があるため簡単な作業ではありません。出来上がったマップを見ると、どこに航路が集中しているかがわかります。まず北太平洋と北大西洋、そして東アジアと南アジアからインド洋を横断してヨーロッパに向かうコース、エジプトのスエズ運河、そして南アフリカの喜望峰を周る迂回コースです。

　他にも狭い海域に航路が集中している場所が2か所あります。マレー半島とスマトラ島の間に横たわるマラッカ海峡と、ペルシャ湾に入る船舶が必ず通らなければならないホルムズ海峡です。

　南北アメリカ大陸では、中央アメリカの1点に向けて航路が集中していますが、これはパナマ運河を目指した船舶です。しかしマップを見ると、いまだに多数の船舶が南アメリカやアフリカの南端を迂回する遠回りの航路を選んでいます。こうした状況は、海運業界が抱える世界的な問題を反映しています。新世代の超巨大船は、現在の運河の幅では狭くて通過できないのです。「パナマックス」と「スエズマックス」という言葉があります。それぞれパナマ運河とスエズ運河を通過できる船舶の最大サイズを示すものです。最初の超パナマックス船（大き過ぎてパナマ運河を通過できない船舶）は、1934年に進水した客船クイーン・メリーでした。1980年代になると新世代の超パナマックス船が次々と運航を開始し、パナマ運河の狭さが世界的な問題になります。2016年、パナマ運河の新しいレーンが運用を開始しましたが、それでも世界最大級のコンテナ船は通過できないため、相変わらず遠回りを続けているのです。

　他にも「チャイナマックス」という言葉があります。最大積載状態で中国の主要港に入れるサイズを示すものですが、このような言葉があること自体、貨

北極の氷が解けると、シンガポールとドイツを北回りで結ぶような新たな航路が開かれる。

物船の多くが中国から出発していることを表しています。船舶で運ぶ場合の貨物の容量を表す単位として、TEU（20フィートコンテナ換算）が用いられます。世界最大の航路はアジアと北アメリカを結んでおり、2,300万TEUを超えています。次に大きいのはアジアと北ヨーロッパ間の航路で1,370万TEUになります。

　貨物がどちらの方向に運ばれているかを調べると、さらに多くのことがわかります。アジアと北アメリカを結ぶ航路では、北アメリカ向けの貨物量がアジア向けの2倍になっています。同様にアジアと北ヨーロッパを結ぶ航路では、北ヨーロッパ向けが900万TEUあるのに対し、アジア向けが450万TEUしかありません。

　マップに広がる線を眺めるだけで、世界のどこで品物が生産され、どこで消費されているかが見えてくるのです。

航路　　　165

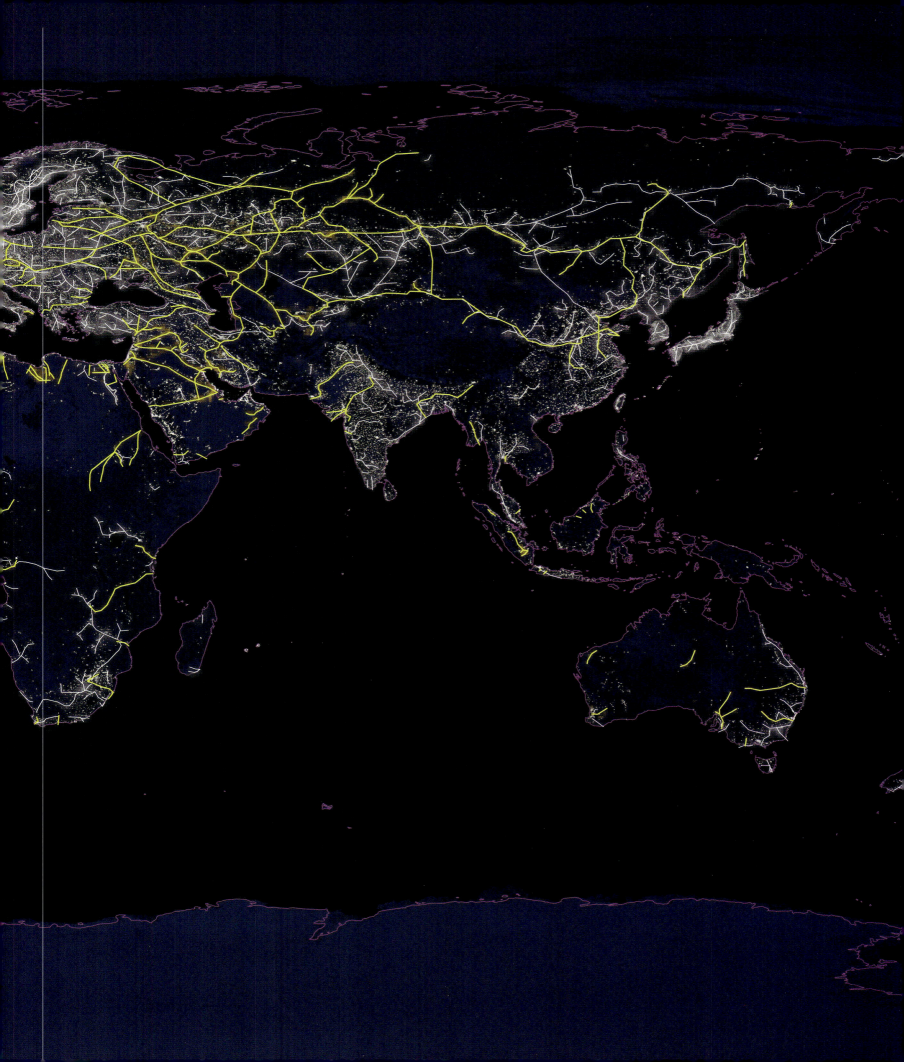

エネルギーの流れ
ENERGY FLUX

　この100年間で、エネルギーインフラ構築のために世界中で100兆ドルが使われたと見積もられています。マップはその成果を示していて、多額の費用がどこに使われたかを表しています。送電線（白い線）と、主に石油とガスを運ぶパイプライン（黄色い線）がヨーロッパに集中し、周辺の広範囲にエネルギーを供給しているのがわかります。シベリアと中東で採掘された石油と天然ガスが、長くのびるパイプラインで運ばれています。アメリカ、カナダ南部、東アジア、日本にも線が集まり、広範囲に電力インフラを構築したインドも目立っています。

　線が引かれていないか、もしくはまばらで暗く見える地域には、それほど多くの人が住んでいません。インドとアフリカ全土の人口がほぼ等しいことを考えれば、アフリカがパイプラインで覆われていないのも不思議ではないでしょう。しかし西アフリカ沿岸部など人口が多い地域には、送電線やパイプラインが設置されています。またナイジェリアの場合、人々のエネルギー消費がヨーロッパ並みになれば、送電線とパイプラインがヨーロッパと同じように増えることでしょう。マップで真っ暗な（線が引かれていない）地域の一部では、過去に大規模な停電が発生しています。

　マップはカナダのNPO「Globaïa」が「カルトグラフィー・オブ・アントロポセン」というタイトルで作成したマップ集の1つです。アントロポセン（人新世）は、人類が地球に大きな影響を与えてきたことを根拠に、地質時代の中の1つの年代として新たに提唱されているものです。地質学者の中にはこの言葉を嫌う人もおり、人類が重要な種だという考え方は一種のうぬぼれだと主張しています。その一方で、人類は地球の環境を根本的に変えてしまったのであり、その大きな要因がマップに示されたインフラの整備であると指摘する研究者もいます。

　世界全体のエネルギーインフラをこうして眺めてみると、世界中の送電線やパイプラインがつながっているかのように思えてしまいます。しかし現実は違います。石油や天然ガスのパイプライン（黄色の線）であれば、途中にポンプステーションを設置すればいくらでも延長できます。しかし送電線（白い線）はそ

物流、通信、エネルギーインフラなど、人類が地球上に展開してきたシステムの全体像

うはいきません。送電線の近くではラジオに雑音が入ることがあります。送電線から電気が失われているのです。送電線のケーブルが熱せられて伸びたり、たるんでいる場合も、電気が失われている可能性があります。運ぶ途中で電気が失われてしまうことが、マップで白い線が黄色い線よりもはるかに短い理由なのです。こうした送電損失の問題は技術者にとって長年の課題であり、もし克服できれば世界の電力供給に革命をもたらすことでしょう。近年では、超伝導体のケーブルを地中に埋めて超低温にしておけば、送電損失を無くせることがわかってきました。しかしコストがあまりにも高くなってしまいます。効率的な長距離送電の方法が研究され続けています。

エネルギーの流れ

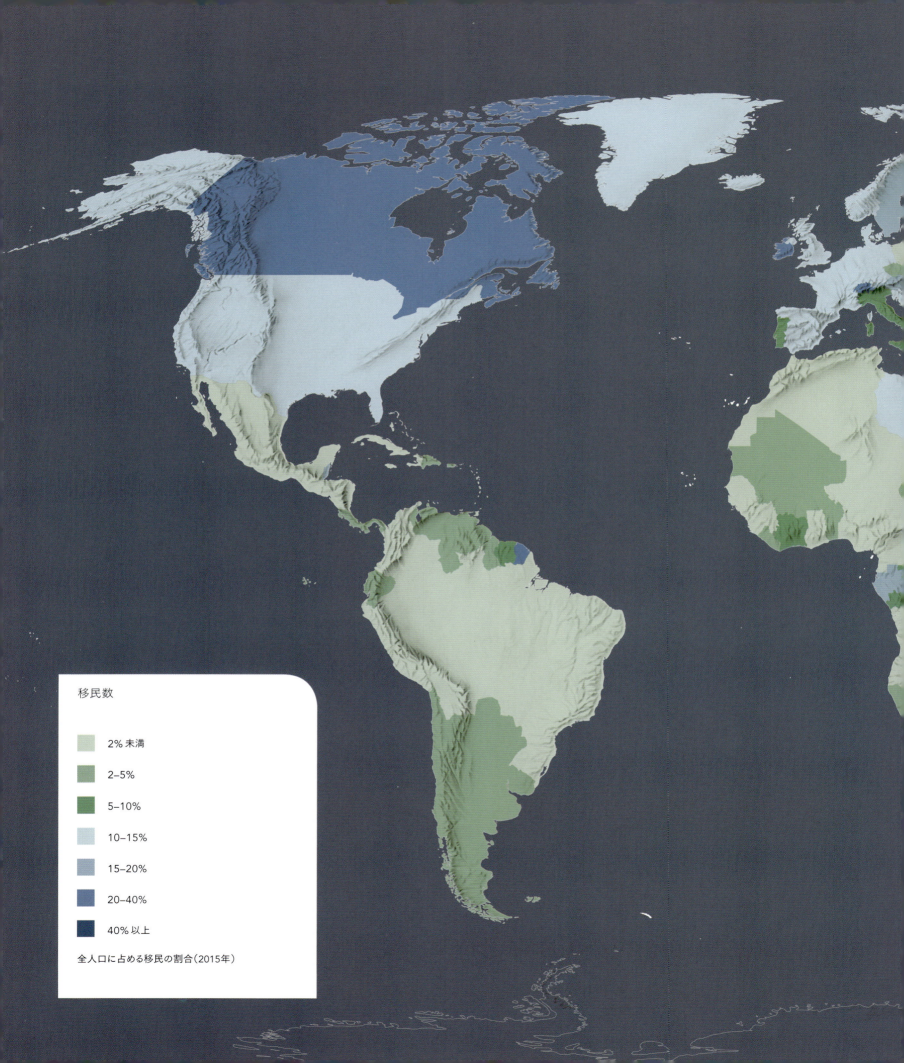

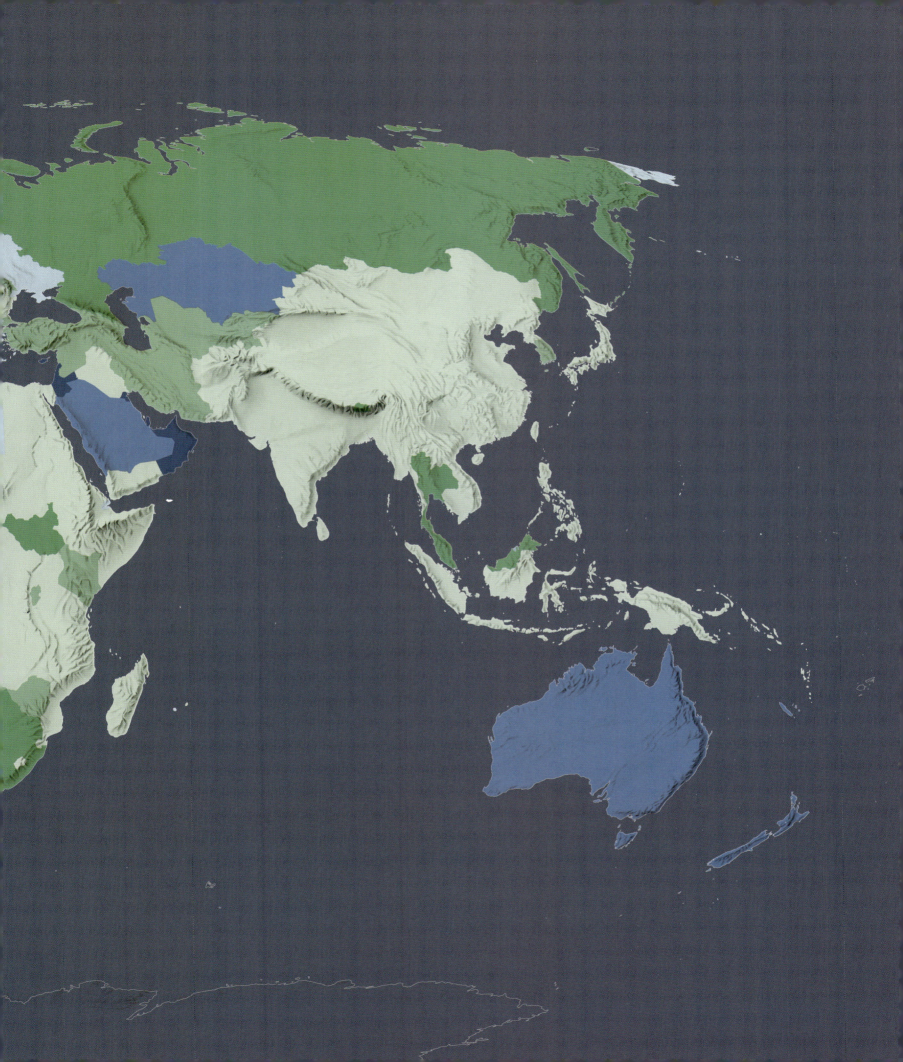

移民数

NUMBER OF MIGRANTS

　国ごとに移民の数は大きく異なり、例えば中東と中央アジアは見事なコントラスを描いています。オマーン、ヨルダン、イスラエルでは移民は全人口の40％を超えています（2015年）。サウジアラビアもこれらの国々に近い割合ですが、隣のイエメンとイラクではまだ少ない状況です。別の見方をすれば、このマップはその国の「繁栄」や「安全」、「入国のしやすさ」を表しているとも言えます。国内が危険な状況の国に住みたいと思う人はいません。政情が悪化している国の人々が、欧米などの先進国に惹かれるのも無理はありません。たとえ豊かな国に住んでいても、人はより豊かで可能性のある国に移りたがるものです。

　マップを見ると、青色に塗られた大きなエリアがロシアのすぐ下にあります。中央アジアのカザフスタンです。石油が豊富に埋蔵される豊かな国で、200万人のロシア人が住む他、周辺諸国からの移民も増加しています。他にも、アメリカよりも移民の割合が多いカナダ、移民が増え続けているオーストラリアとニュージーランドが目立っています。

　アフリカ、南アメリカ、南アジア、東アジアに目を向けると、移民の割合が低い国々が数多く存在することがわかります。今や全世界が1つになり、どの国の人であってもどこにでも住めるのだという考え方がありますが、この状況を見れば言い過ぎであることがわかるでしょう。インド、中国、日本はいろいろな面で多様性を持っていますが、さまざまな国からの移民が住んでいるわけではありません。世界は移民が多い国と少ない国にはっきりとわかれています。移民を多く引きつけている国には、さらに移民が集まる傾向が見られます。しかし、現時点でアジアの国々の多くにはそのような兆候は見られず、すぐに西ヨーロッパや中東の一部の国のような状態になるとは思えません。

　世界全体では、他国への移民数は増加し続けています。2000年には1億7,300万人でしたが、2015年には2億4,400万人（難民2,000万人を含む）になりました。マップで示されているのは割合です。人数で言えば、ヨーロッパ（7,600万人）とアジア（7,500万人）で世界全体の3分の2近くに達し、第3位の北アメリカ（5,400

<100,000

ペルー
モロッコ
モンゴル
ニカラグア
ホンジュラス
グアテマラ
ナミビア

76

単位:百万人

ヨーロッパ

54

単位:百万人

北アメリカ

75

単位:百万人

アジア

世界の移民の3分の2近くがヨーロッパとアジアで暮らしている。

万人)がこれに続くという状況です。移民の3分の2がわずか20か国に住んでおり、国別で最も人数が多いのはアメリカ、次いでドイツ、ロシア、サウジアラビアです。先ほど指摘したように、対照的に移民が少ない国も多く、移民受け入れに積極的な国と消極的な国の二極分化が進んでいます。

移民数

北アメリカ
ラテンアメリカ
アフリカ
オセアニア
東南アジア
東アジア
中東
西アジア

移民の流れ

北アメリカ
- アメリカ合衆国
- カナダ

アフリカ
- モロッコ王国
- エジプト・アラブ共和国
- コートジボワール共和国
- ブルキナファソ
- ガーナ共和国
- ナイジェリア連邦共和国
- ジンバブエ共和国
- 南アフリカ共和国

ヨーロッパ
- グレートブリテン及び北アイルランド連合王国（イギリス）
- ドイツ連邦共和国
- フランス共和国
- オランダ王国
- スイス連邦
- スペイン王国
- イタリア共和国
- ポルトガル共和国

ロシアと中央アジア
- ウクライナ
- ロシア連邦
- カザフスタン共和国
- ウズベキスタン共和国

中東
- アラブ首長国連邦
- サウジアラビア王国
- カタール国
- シリア・アラブ共和国
- ヨルダン・ハシェミット王国
- クウェート国
- バーレーン王国
- イスラエル国

ラテンアメリカ
- メキシコ合衆国
- ブラジル連邦共和国
- ペルー共和国

オセアニア
- ニュージーランド
- オーストラリア連邦

東南アジア
- ベトナム社会主義共和国
- タイ王国
- ミャンマー連邦共和国
- シンガポール共和国
- インドネシア共和国
- フィリピン共和国
- マレーシア

東アジア
- 日本国
- 中華人民共和国香港特別行政区
- 中華人民共和国

南アジア
- インド
- アフガニスタン・イスラム共和国
- イラン・イスラム共和国
- パキスタン・イスラム共和国

最も外側の細い円：目的国

外から2番目の細い円：出身国

ヨーロッパ

ロシアと中央アジア

移民の流れ
FLOW OF PEOPLE

　コード・ダイアグラムは、複雑なデータ、特に項目間の関係が膨大な数になるデータを視覚化するのが得意です。ゲノム（遺伝情報）を視覚化するために2007年に初めて使用され、現在では移住者の動きを調査する研究者もよく用いています。コード・ダイアグラムでは、詳細な情報は表示されずに単純化されてしまいますが、全体像を見ることができます。移民がどの二国間を移動したかという膨大なデータを世界地図上に線で描くと、皿に盛ったパスタのようになってしまい、情報を読み取るのが困難になります。しかしこのように円を用いて表現すれば、見やすくなるのです。

　このダイアグラムを見る際の注意点は3つです。まず、それぞれの国は異なる色で塗り分けられています。そして、同じ大陸・地域に属する国は同系色になっています。例えばヨーロッパの国々は緑系の色です。なお、南アジアの国々も緑系ですが、ヨーロッパとは描く位置が離れているので混乱はしないでしょう。円の中心部に描かれた流れと、外から2番目の細い円は、どちらも出身国の色に塗られています。加えて、流れを表す線は、移動する人数が多いほど太くなっていることに留意すれば、情報をさらに読み取りやすくなります。

　試しに円の右側にあるヨーロッパを見てみましょう。出ていく人数よりも入ってくる人数の方が多くなっています。そして移民の出身国はアフリカと南北アメリカが大半を占めます。今度は円の左上に目を向けてみます。メキシコからアメリカへ黄色い大きな流れが向かっており、メキシコからアメリカへの移民が多いことがうかがえます。次に右下の紫系の色に塗られた部分を見てみましょう。最も外側の円も、その次の円も紫色で、しかも移民の流れはこの地域内で完結しています。以前はソビエト連邦であった地域内での移民ということになります。他に特徴的なのは、アジアの特定の国々から青と緑色の流れが湾岸諸国に向かっている点です。

　コード・ダイアグラムを使いこなすコツをもう少しお話ししましょう。最も外側の細い円の色は、その国から出発する移民の目的国を示しています。その次にある外から2番目の細い円の色は、その国に到着した移民の出身国の色になっています。最も外側の円がほとんど描かれていない国があります。このような国々は、受け入れる移民の方がはるかに多いのです。逆に外から2番目の円がわずかしか描かれていない国々は、その国から出ていく移民が多いことに

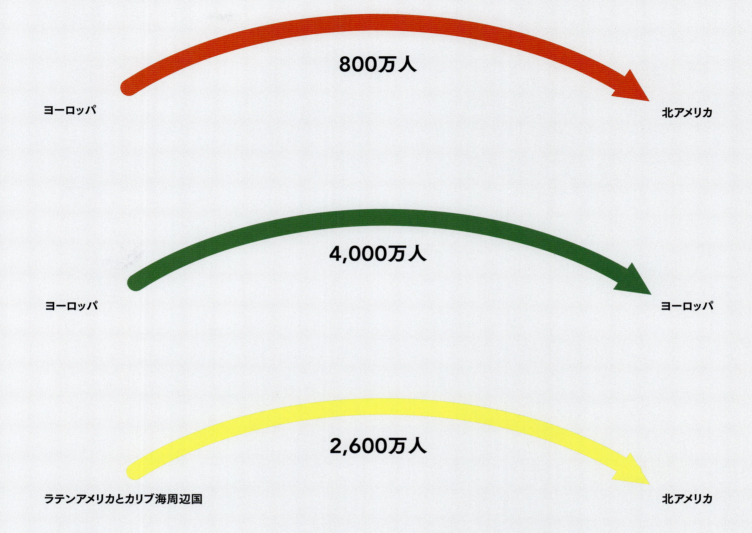

2015年までの移民の出身地域と目的地域

なります。この2つの円がほぼ同じ長さで描かれている国は、アフリカに少数存在するだけです。出身国と目的国をよく見比べると、アフリカからアフリカ以外に向かう移民だけでなく、アフリカの中で移動する移民も多いことがわかります。

　この非常に興味深いダイアグラムは、ウィーン人口研究所の専門家がまとめたデータをもとに作成しました。データは2005年から2010年の間に国籍を変えた人数を集計したものです。具体的には、移民を送り出すか、もしくは受け入れた50か国を選び、その人数を見積もりました。

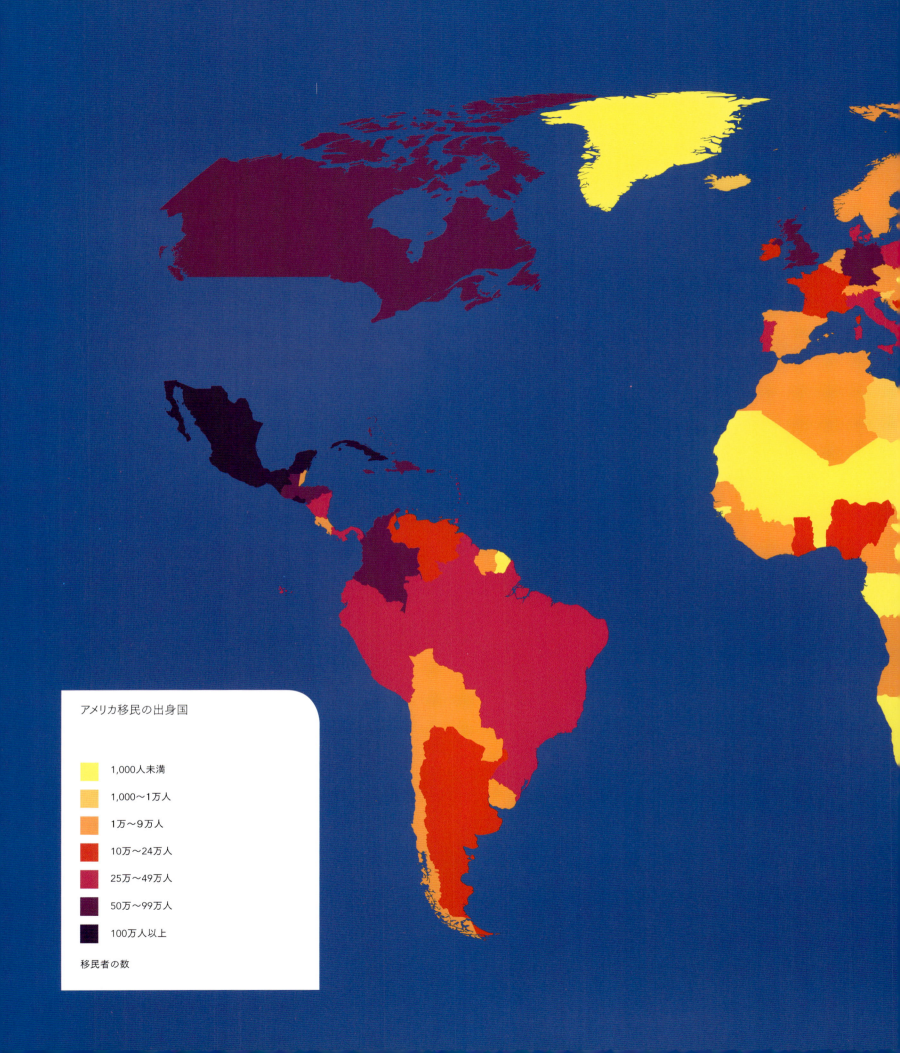

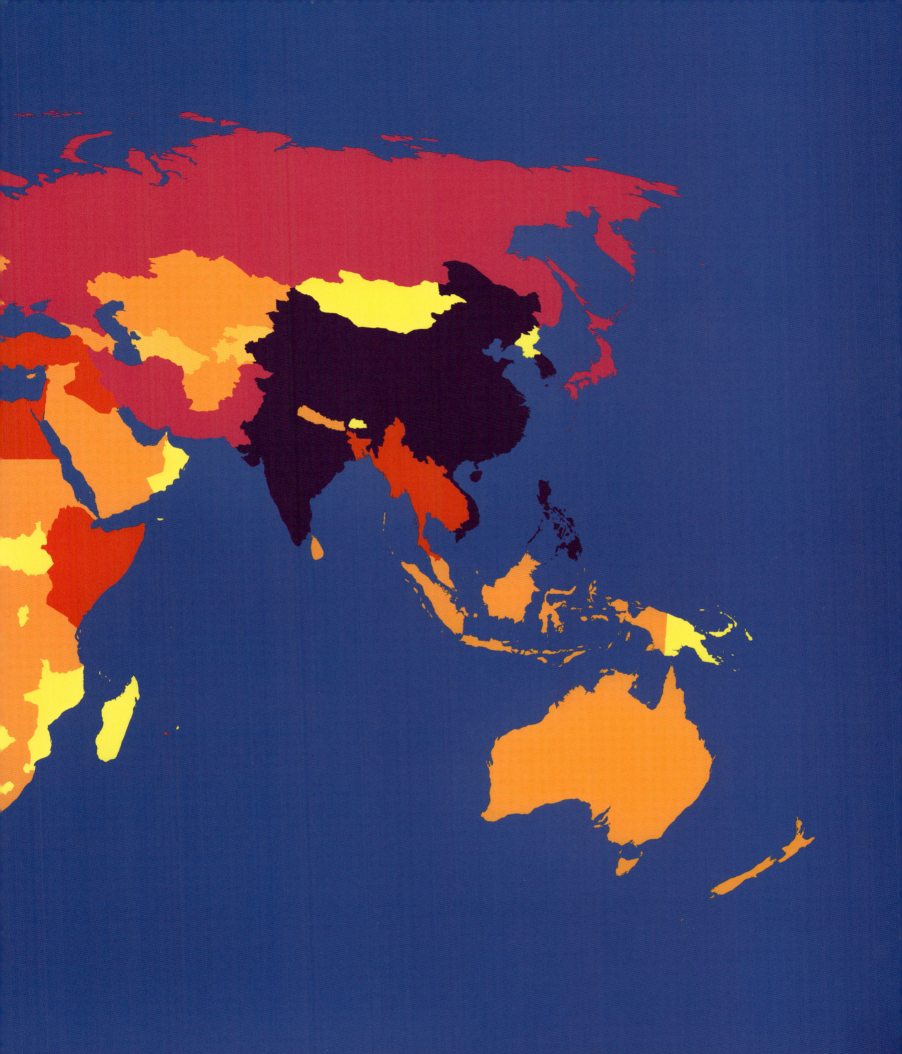

アメリカ移民の出身国

PEOPLE LIVING IN THE US BORN OUTSIDE THE US

　世界の移民の5人に1人はアメリカ合衆国に住んでいます。2015年のデータでは、同国に住む人々のうち4,663万人が海外からの移民でした。このマップは、それらの人々の出身国を示したものです。アメリカに移動した人数が最も多いグループの国々は、濃い紫色に塗られています。移民数が上位の国々と、下位グループの国々には大きな隔たりがあります。メキシコからの移民は特に多く、1,200万人強にのぼっているのです。

　アメリカの移民受け入れ数は非常に多く、第2位のドイツ（1,200万人）が目立たないほどです。メキシコに次いでアメリカへの移民が多いのは中国の210万人で、以降はインド（197万）、フィリピン（190万）、プエルトリコ（174万）、ベトナム（130万人）、エルサルバドル（128万人）、キューバ（113万人）、韓国（112万人）、ドミニカ共和国（94万人）と続きます。

　アメリカへの移民の特徴は出身国の多様さで、同国の多文化化を支えています。出身国は南アメリカ、カリブ海周辺諸国、南アジア、東アジア、東南アジアにおよびます。上位10か国からの移民数は、それ以外の国々からの移民数を上回りますが、少人数でもあらゆる地域から移民がやって来るのが重要な点です。薄めの紫色で塗られた2番手のグループには、ドイツ（63万人）、イギリス（71万人）、そして当然ですがカナダ（84万人）が含まれています。

　アメリカへの移民がまったくない国はありません。同じようにカナダと西ヨーロッパの多くの国々にも、世界中から移民がやって来ます。移民数に違いはあるものの、出身国が多岐にわたる点は共通しています。欧米の大都市は、世界中から異なる国の人々が集まっていると自慢してもよいでしょう。

　特筆すべきこととして、アメリカから出て行きたいと考える人々がとても少ないことがあります。2015年のデータでは、同国で産まれた人々のうちわずか1％程度だけが、海外に移住しているのです。これは他の欧米諸国に比べて極端に少ない値です。

　マップのもととなったデータは、アメリカの超党派のピュー研究所がまとめ

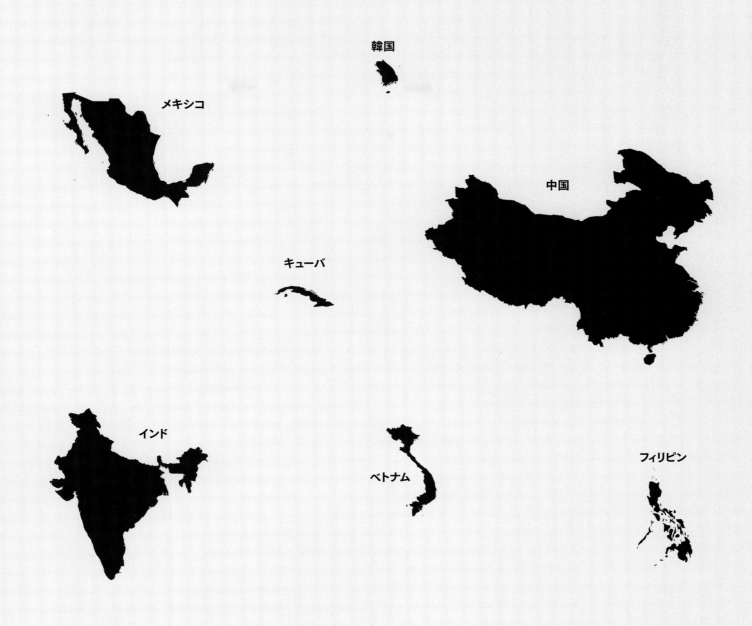

アメリカへの移民数が多い国々。距離が離れた国もあり、多様さが目立つ。

たもので、不法移民の見積もり人数も含まれています。同研究所によれば、各国からの移民の絶対数は多いものの、アメリカの人口に占める割合で見ると、まだ圧倒的な人数に達している国はないといいます。同国人口のうちおよそ14%の人間が海外で産まれており、この割合はカナダ（22%）、オーストラリア（28%）よりも低くなっています。興味深いことに、ピュー研究所の最近の調査によれば、アメリカに入って来るメキシコ人よりも出て行くメキシコ人の方が多いということです。

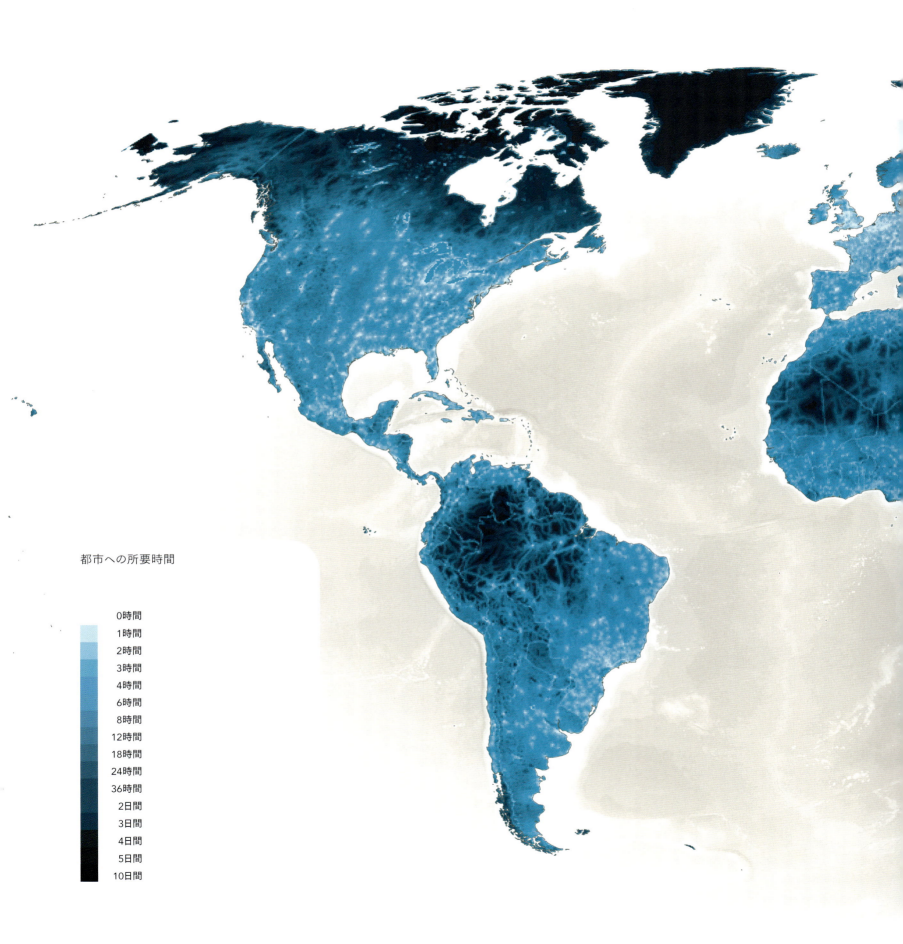

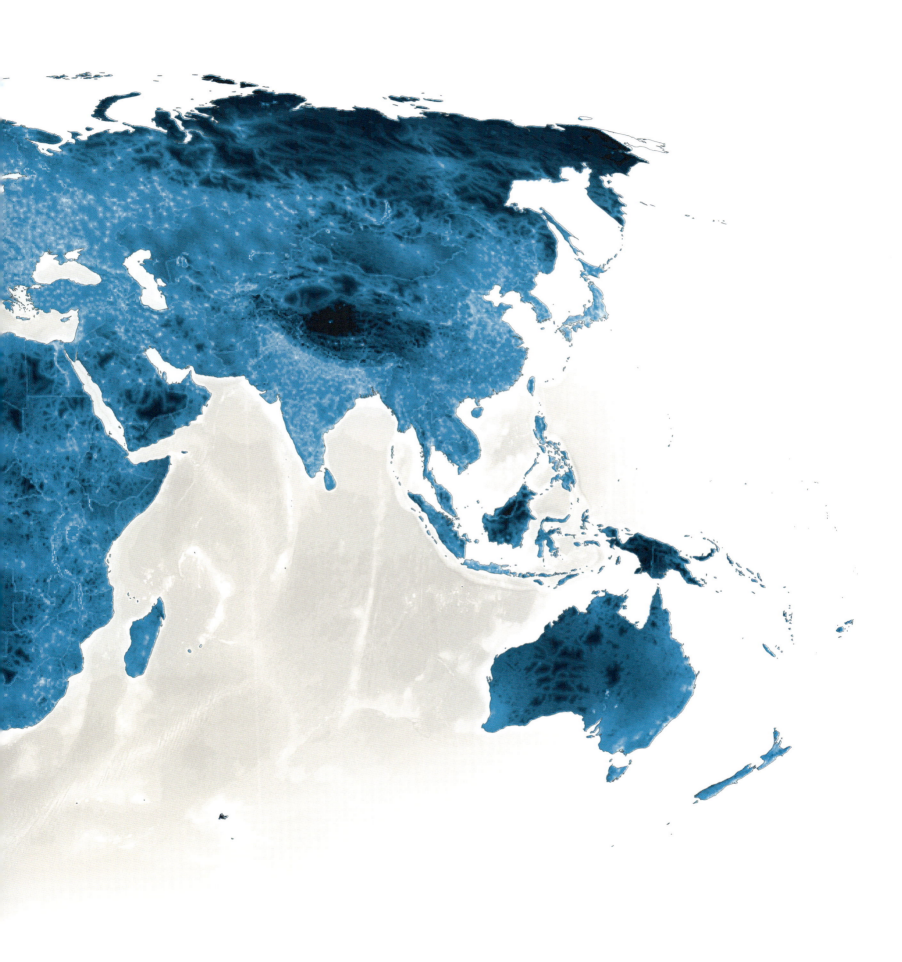

都市への所要時間
REMOTENESS FROM CITY

　ある地域が「へき地」であるかを判断するのに、都市からどれほど離れているかというものさしが今でも使われています。インターネットの時代に、都市まで何時間で着くかという問題は、それほど重要ではなくなってきていると思うかもしれません。ですが実際には、都市から離れているほど医療と行政サービスを受けにくくなり、文化施設や文化行事とも縁遠くなるものです。マップで濃い色に塗られている地域ほど、都市から離れたへき地であることを表しています。都市までの所要時間が「〜時間」ではなく「〜日間」という単位に変わってきます。このマップでは最大10日間までを表しています。

　マップの作成にあたって、人口5万人以上の8,518都市を選び、そのいずれかまでの所要時間を調べました。交通手段は陸路および水上のみを考えています。色が薄い地域は、都市までの所要時間を「〜日間」ではなく「〜時間」で測れます。マップを見て気がつく重要な点は、大多数の人々がこの薄い色の地域に住んでいるということです。

　全耕作地の60％は都市から2時間以内の地域にあります。20世紀以前は、この薄い色の地域ははるかに少なかったのですが、現在では都市が近くにあるのはごく当然のことになっています。たとえ野原と山々に囲まれて暮らしていても、良くも悪くも都市は日常生活の一部になっているのです。

　このように考えてみると、農村と都市を分けて扱う考え方が時代遅れであることに気づかされます。農村と都市の違いが徐々に失われている状況は、欧米など先進国だけのものではありません。マップ見ると、インド、南アメリカ、東アジア、アフリカの多くの地域が薄い色に塗られています。この50年間で、都市は急速に拡大したのです。拡大したのは大都市だけではありません。無数の村が町になり、町は規模を拡大して都市に発展したのです。

　マップで濃い色が塗られている地域は、実はその多くが無人の地です。グリーンランドの大半、シベリア北部、カナダ北部にはわずかな人々が住んでいるだけです。サハラ砂漠、アマゾン盆地、オーストラリアの砂漠の人口も、無視

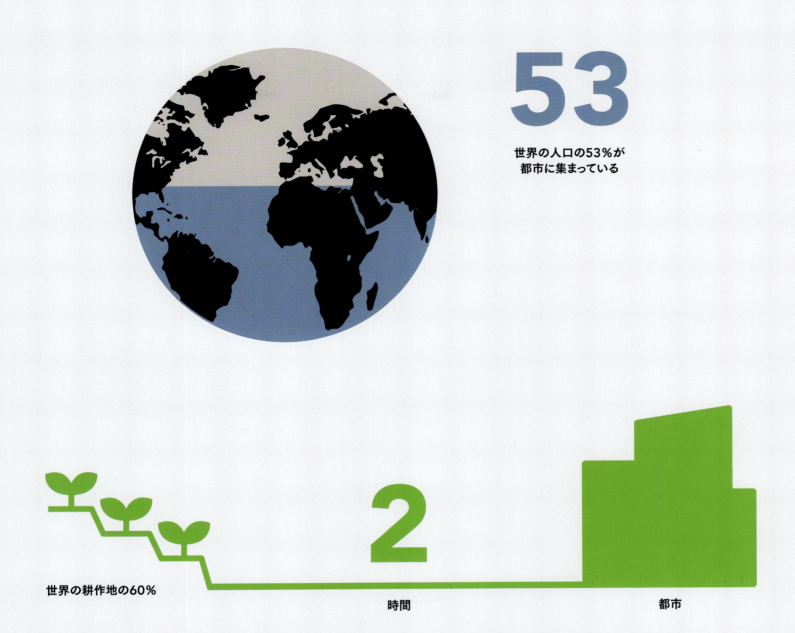

53 世界の人口の53％が都市に集まっている

世界の耕作地の60％ 　　　　　**2**　　時間　　　　都市

世界の耕作地の3分の2程度は、都市までわずか2時間の距離にある。

はできないものの非常に少ないことに変わりはありません。しかしマップを調べると、ある程度の人数が住んではいても、周囲から孤立しているような地域がいくつか見つかります。ヒマラヤ山脈とチベット高原の人口は数百万の単位ですが、都市までの所要時間は長くなっています。中国が道路と鉄道の建設を進めているため、都市へのアクセスのしやすさは改善する見込みです。そうなると、ある程度の人口がありながら都市までの所要時間が極端に長い地域は、インドネシアの濃い色の部分——西パプア州とボルネオ島——などごくわずかになるでしょう。

都市への所要時間

消滅の危機にある言語
CRITICALLY ENDANGERED LANGUAGES

　ユネスコによる「言語の消滅は地球温暖化に次ぐ緊急の課題である」との声明は、世界中で多数の言語が消滅したことのインパクトを反映したものです。

　マップには、極めて深刻な消滅の危機にある577の言語が示されていますが、これらは氷山の一角に過ぎません。「極めて深刻」というのは、話者がついに最後の世代になってしまい、後継者が育っていないことを意味します。最年少の話者が孫のいる世代となり、その言語の一部しか使わないか、使う機会がめったにありません。アマゾン川流域の先住民の言語、アフリカと東南アジアの少数部族の言語など、熱帯地方には危機に瀕した言語が多数存在しています。またメキシコ、アメリカ、カナダ、オーストラリアにも先住民の言語が多数存在します。

　マップはユネスコの『世界消滅危機言語地図』のデータを使って作成しました。ユネスコによれば、世界で使われている6,000を超える言語のうち43%以上が危機的状況にあるといいます。そして「このまま推移すれば、100年以内に全言語の半数以上が消滅する」と指摘しています。ユネスコではインタラクティブ・マップを特設サイトで公開し、危機に瀕している言語の状況を追いかけられるようにしました。サイト開設が主要な対策になっている点に、消滅危機言語問題の優先順位が低く、予算が少ないという残念な現状が表われています。何千年も使われてきた言語が消え去ろうとしているのに、その保存や復活にはわずかなリソースしか割り当てられていないのです。

　話者の人数で見ると、上位10位までの言語で世界の人口のおよそ半分に達する状況です。言語の面で、世界の同質化が急激に進んでいると考えられます。このトップ10以外の言語を使っている人々も、これらの言語を習得しようとし、地域でもともと使われていた言語を時代遅れと見なすようになります。日本のアイヌ語、チリのヤーガン語などおよそ100の言語で、ごくわずかな話者が残るだけになっています。長年にわたり、そうした言語を話すのは恥ずかしいことだと思ってきたケースが多く、高齢となった話者たちは、消滅危機言語を仲間内だけで使う傾向があります。

　話者の人数が少なくなるほど、言語の保存や復活が困難になる可能性が高まります。メキシコ先住民の言語であるアヤパネコ語の場合、2人しかいない話者の仲が悪く、一緒に会話するのを嫌がることもあります。過去に消滅危機言

スウェーデン王国
ウーメ・サーミ語
話者：20人

チャド共和国
マビレ語
話者：3人

ベトナム社会主義共和国
オズ語
話者：5人

イスラエル国
バルザニ・ユダヤ現代アラム語
話者：20人

ウクライナ
カライム語
話者：6人

エクアドル共和国
エンペラ語
話者：30人

話者が3人しかいないチャド共和国のマビレ語は、特に深刻な消滅の危機に瀕している。

語を使っていたとしても、忘れていってしまうこともあります。シカゴ大学の言語学者サリココ・マフェンはコンゴ民主共和国でヤンス語を使いながら育ちましたが、40年ぶりに故郷に戻ったとき、うまく話せなくなっていました。「ヤンス語の存在感は、私の心の中で大きくふくらんでいました」「これが言語が失われていくプロセスなのです」とサリココは語りました。

イギリスを見ると、オレンジ色のしるしが2つついています。マン語の最後の話者であるネッド・マドレルが1974年に死去し、コーンウォール語の最後の話者ドリー・ペントリースは1777年に死去しました。しかし最近になり、小さな活動家のグループがこれらの言語をよみがえらせたのです。将来、「復活」させる必要のある言語はさらに増えていくことでしょう。

消滅の危機にある言語

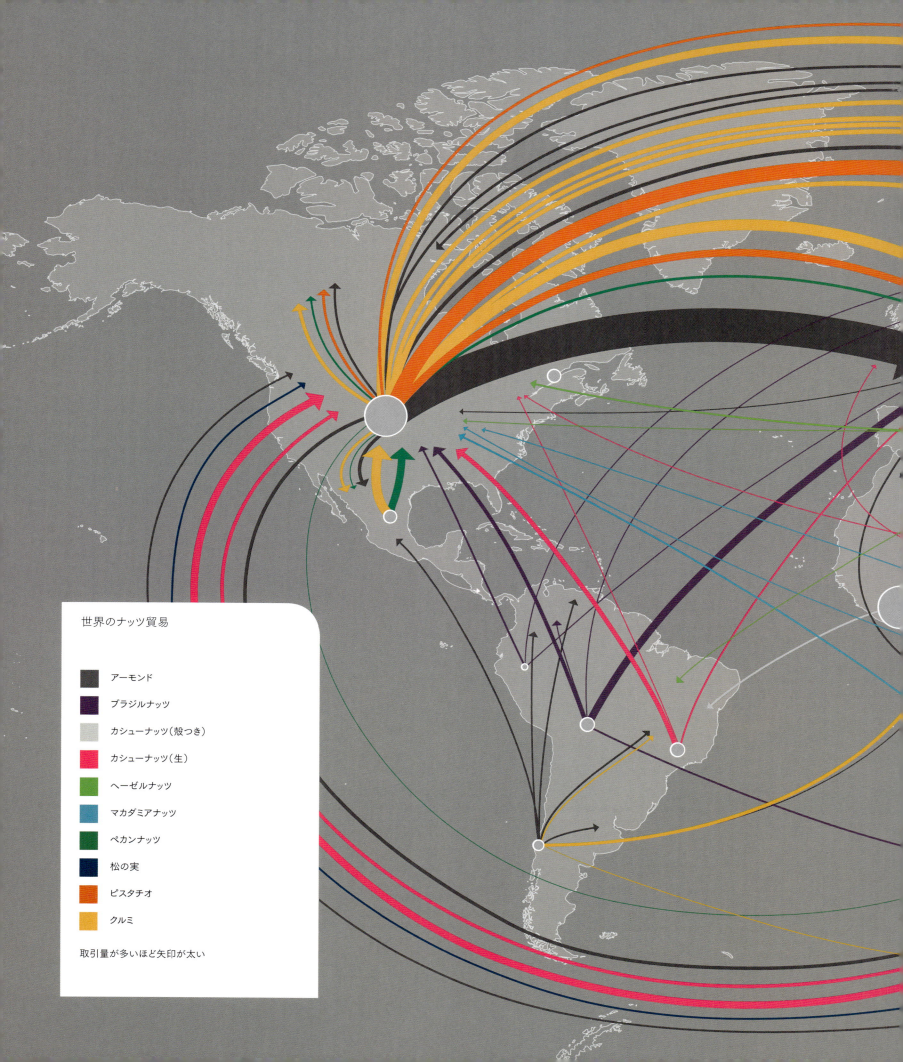

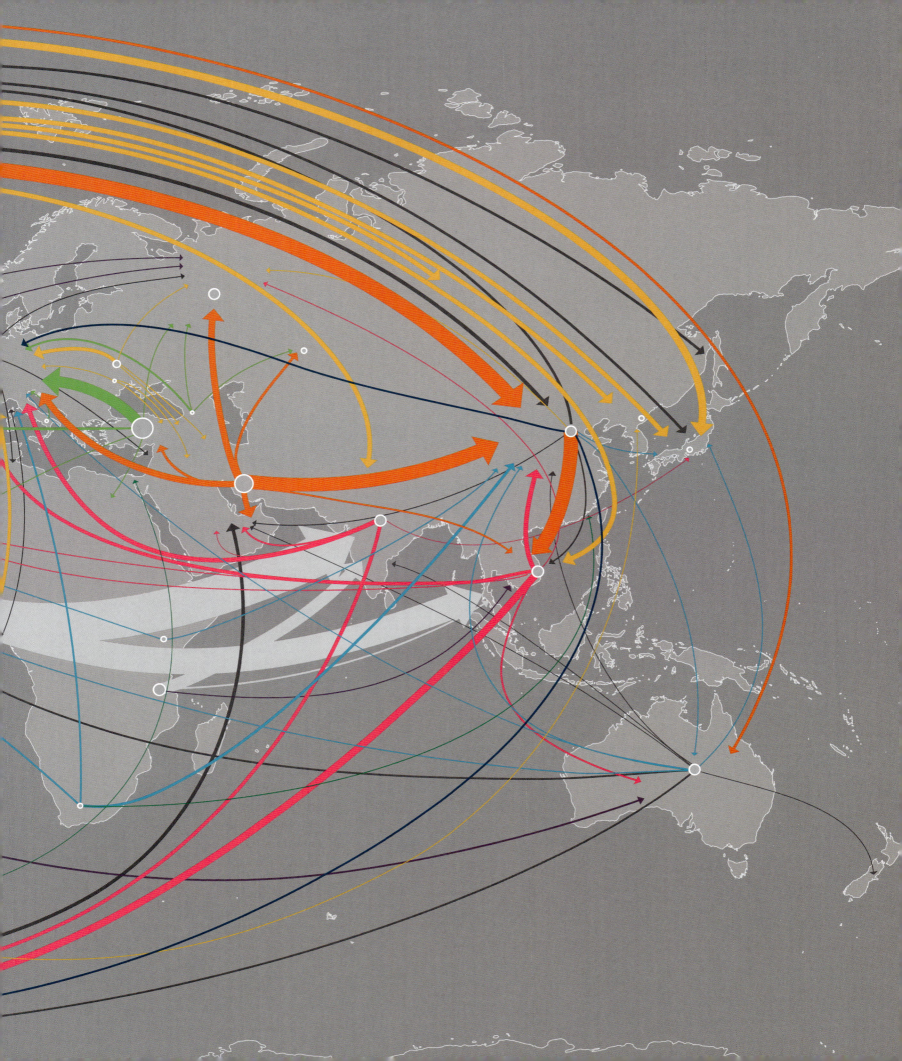

世界のナッツ貿易
WORLD NUT TRADE

　貿易が世界的規模で行われるようになり、その流れを示すさまざまなマップが作られてきました。特定の品物にしぼったものが多く、このマップもその一例です。国際ナッツ・ドライフルーツ協議会が2015年から作成しているものを簡略化しました。マップを見れば、どこにどのナッツの生産地があり、どこに向けて輸出されているかが把握できます。一目見ただけで、アメリカに生産地が集中していることがわかります。濃い灰色の太い矢印が同国からヨーロッパに向けてのびており、同国がアーモンドの生産で支配的立場にあることが読み取れるでしょう。統計データによれば、世界のアーモンドの貿易量は464トンで、大半がアメリカからの輸出です。同国からヨーロッパに向けて輸出されるアーモンドは233トンに達します。

　次にアフリカに目を向けると、西アフリカから薄い灰色の太い矢印がのびています。これは殻つきカシューナッツを表しています。殻つきカシューナッツの全世界での貿易量は810トンで、そのうち435トンは西アフリカからインドに、280トンは西アフリカからベトナムに送られています。アフリカがカシューナッツの生産に適した環境で、アジアに大量にそれらを消費する食文化が存在することから、この貿易が成り立っているのです。

　マップを見ると、より小規模な生産拠点も把握できます。トルコは生産したヘーゼルナッツのほぼ全量をヨーロッパに送っています。イランは殻つきピスタチオの大生産地で、世界各地に輸出しています。殻つきピスタチオの全世界での取引量は135トンで、イランからの輸出量は、中国向けが32トン、アラブ首長国連邦向けが19トン、ヨーロッパ向けが14トンです。

　さらに詳しく調べると、別の流れが浮かび上がってきます。南アメリカを見てみましょう。ブラジルナッツはブラジルではなくボリビアから大量に輸出されており、ペルーからの輸出もあることが示されています。ブラジルナッツはブラジルナッツノキという背の高い木に実ります。熱帯に生息する数種類のハチの助けを借りて受粉しますが、これらのハチは特定のラン――密林の中でも日光を浴びられるよう高く成長する――で繁殖しています。このランがブラジルでは育たず、ボリビアとペルーで生息しているのです。このランがない場所には特定のハチがいないため、ブラジルナッツは実をつけられません。ブラジルから薄い灰色の矢印がのびていないのはそのためです。

カシューナッツの取引の大半は、西アフリカからアジアへ向かうルートに集中している。

　簡略化したマップでは、貿易の全体像を正確に把握することはできません。いくつもある小規模な貿易ルートと生産地は残念ながら省かれています。また、マップの信頼度は、もとになったデータの正確さに左右されます。しかしながら、こうした限界を理解した上で利用するなら、このようなマップは非常に有効なツールになります。世界市場での取引の状況をすばやく概観できるからです。国際ナッツ・ドライフルーツ協議会が現在の貿易状況を楽観的に見ているのは確かです。2004年以降、樹木に実るナッツの消費量は56％増加し、ピーナツの消費量は33％増加しました。同協議会は、ドライフルーツよりもナッツの貿易に力を入れているように見えますが、過去20年間でドライフルーツの生産量も消費量も大きく増えています。

世界のナッツ貿易

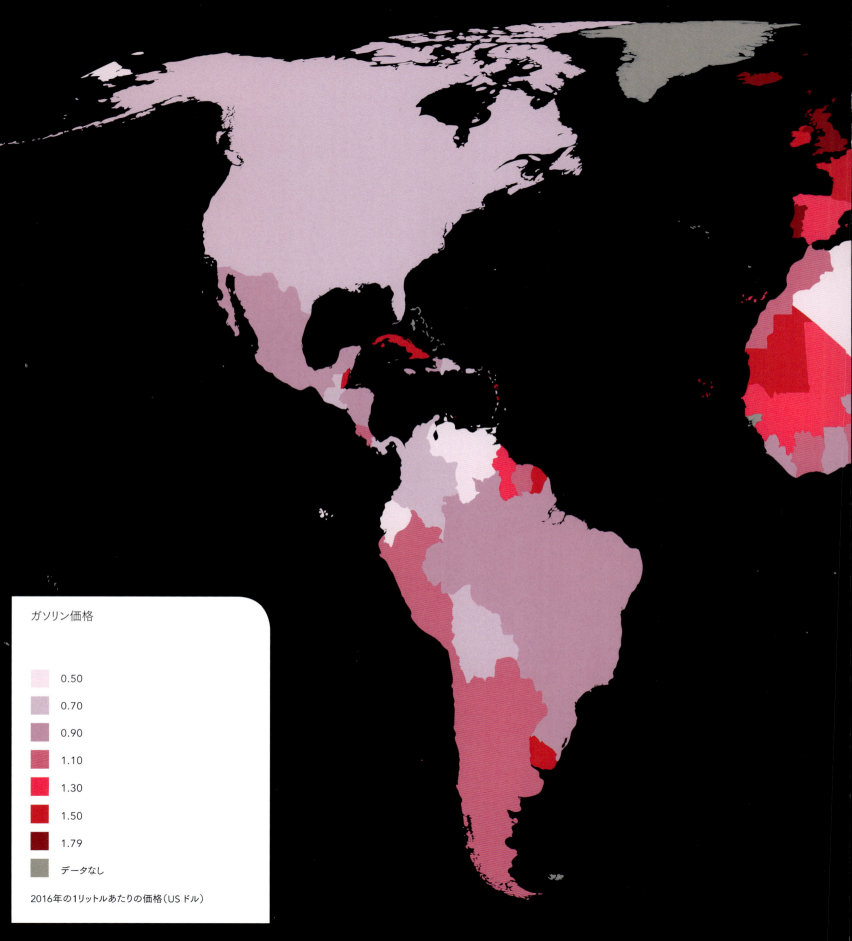

ガソリン価格

- 0.50
- 0.70
- 0.90
- 1.10
- 1.30
- 1.50
- 1.79
- データなし

2016年の1リットルあたりの価格（USドル）

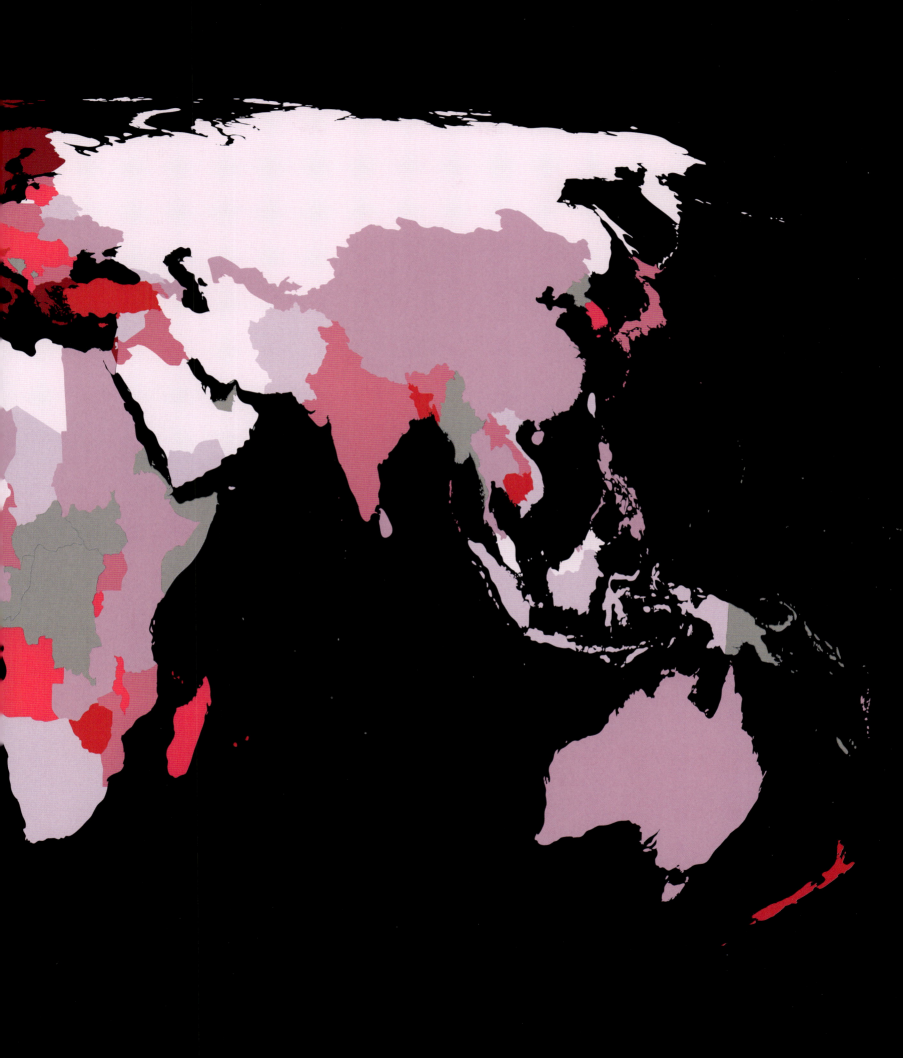

ガソリン価格
PETROL PRICES

　このマップを見れば、なぜガソリンの密輸が横行し、巨大ビジネスになっているかがわかるでしょう。トルコとイラン、あるいはフィンランドとロシアなどの価格差は非常に大きく、密輸の誘惑にかられるのも無理はありません。車で国境をちょっと越えて給油してくるだけで稼げるのです。

　フィンランドから「ガソリンの買い出し」に行く人は、ロシアでのガソリン価格が自国の半値近くであることを利用します。アフリカのように、ほぼ全域でガソリン価格が高いという状況は、不思議に思えてしまうかもしれません。フィンランドのような裕福な国では、重い関税がガソリンにかけられ、かなりの金額が政府に徴収されるためガソリン価格が高いことが予測できます。しかし世界で最も貧しい国々で、ガソリン価格が世界でもトップクラスに高いのです。アフリカの場合、貧困国が内陸に位置している場合が多く、ガソリンの輸送コストが高くなってしまうのです。ベニンで販売されているガソリンの75％は、ナイジェリアからの密輸だと推定されています。ナイジェリアではガソリン価格が半値なのです。またトーゴとブルキナファソの密輸業者は、ガーナでガソリンを調達しています。

　ガソリン価格に関する各国政府の姿勢はよく変わります。政治家にとって、収入を増やしたり人気を上げるためには、ガソリン価格を操作するのが手っ取り早いのです。石油輸出大国のアンゴラではガソリンは安価に供給されていましたが、政府はこの政策の中止を決めました。現在は高値になっており、かつてアンゴラと近隣諸国（アフリカ中央部の国々ではガソリンが高い傾向がある）との間で盛んに行われていた密輸にストップをかけました。ガソリンは生活必需品であり、価格が高騰すれば、困った人々が街にくり出して政情が不安定化する可能性があります。ナイジェリアでは2012年、新政権が業界への補助金を停止し、ガソリン価格の上限規制を撤廃しようとしました。そのため、新たに発表されたガソリン価格は値上がりしていたのです。ナイジェリアは石油の大生産国です。人々は、政府はガソリンを値上げして、庶民からさらにお金をしぼり取るつもりだと受け取りました。大規模なストライキが呼び掛けられ、暴動が続発します。政府は屈し、マップに示されているように、ナイジェリアではガソリン価格は比較的安価になっています。

　ガソリン価格が最も低いのはベネズエラで、2014年の価格は、1リットルが0.008ドルでした。2016年には0.02ドルまでの値上げを認めましたが、同国政府は価格を非常に低く維持しています。ベネズエラにとっては大幅値上げですが、それでもガソリン価格はアメリカ（約0.6ドル）や、マップでは1.5ドル以上のグループに分類されているイギリスよりはかなり安価です。しかしガソリ

ノルウェー　1.62ドル

サウジアラビア
0.24ドル

イタリア　1.51ドル

アルジェリア民主人民共和国
0.21ドル

イギリス
1.46ドル

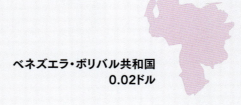

ベネズエラ・ボリバル共和国
0.02ドル

ガソリン価格が特に高い国と低い国
(それぞれ上位3か国)

ン価格の比較は、国単位では終わりません。コロラド州ではカリフォルニア州よりも安く（アメリカ）、アデレードの方がアリススプリングスよりもはるかに安い（オーストラリア）という具合です。ガソリン価格は非常に変動しやすく、場所によって価格が大きく違うのです。この状況は当分変わりそうにありません。

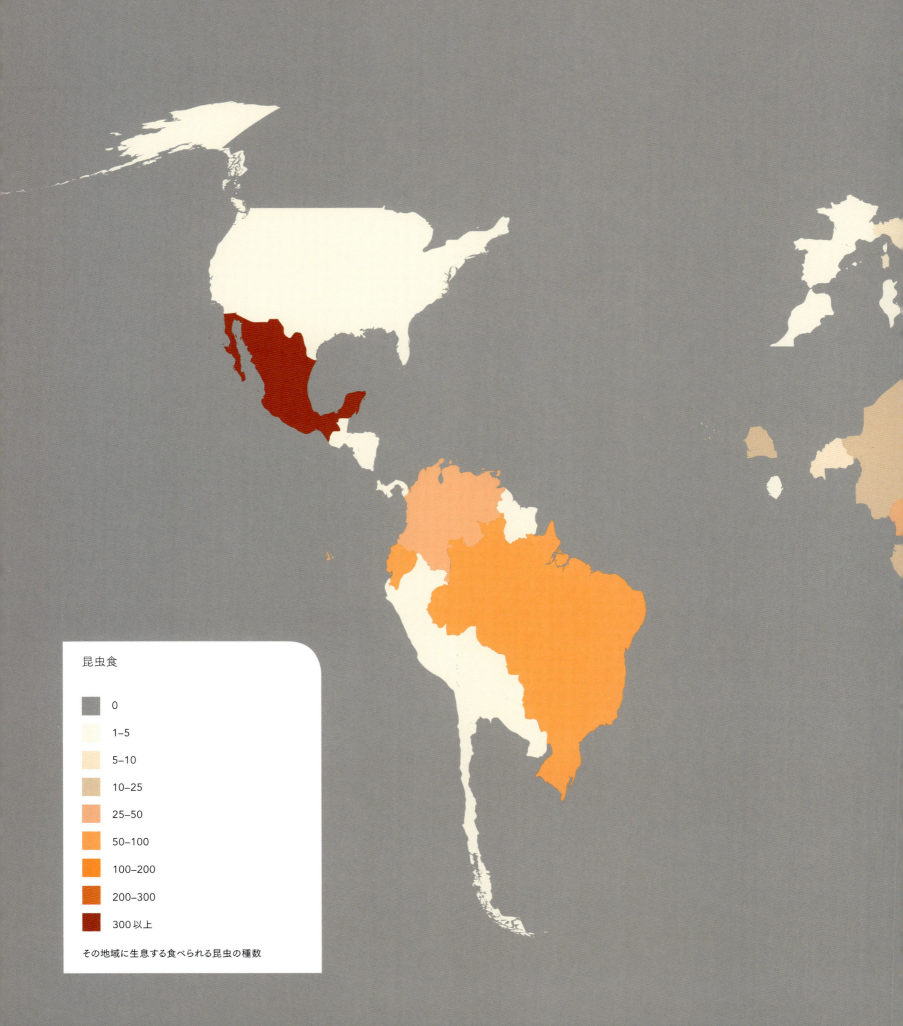

昆虫食
EDIBLE INSECTS

　ここ10年で最も印象に残ったニュースの見出しは、「50年以内に人類は全員、昆虫を食べるようになるだろう」というものです。このニュースに信憑性があるなら、今現在、どこで昆虫が食べられているかを調べることにも意味があるでしょう。出来上がったマップを見ると、地域によって大きな差があることがわかります。さまざまな種類の昆虫を食べている国がある一方で、昆虫食の習慣がほとんどない国が多勢を占めています。昆虫食が一般的に見える国でも、例えばオーストラリアのように、実際に行っているのは先住民にほぼ限られるというようなケースもあります。昆虫食を習慣としている「人数」で色分けすると、マップは様相が異なってきます。このマップは、どれほど多様な昆虫が食べられているかを表しています。

　数は少ないですが、よく知られているケースがあります。例えばテキーラやメスカルというお酒にイモムシを入れることです。主にリュウゼツランを食べて暮らしているイモムシが用いられます。メキシコではこのイモムシを揚げて食べたり、缶詰にして売っています。他にも、世界的に見て、コオロギは食用昆虫として最もポピュラーでしょう。タイだけでコオロギの養殖場が2万か所あります。揚げても焼いてもよく、ローストしたナッツに似た味わいだという人がいます。筆者も少しかじったことがあるのですが、味よりも歯ごたえのよさの方が印象に残っています。バッタやイナゴもコオロギと同様、昆虫食を習慣としている地域でよく食べられています。ゴマの葉で育てると、最高の味になるといいます。

　また、世界各地で多種多様なアリが、さまざまな料理方法で食べられています。コロンビアとブラジルではハキリアリが「ベーコンで味つけしたピスタチオ」のような風味だとされています。アマゾン川流域にはレモンアリというもっとおいしそうな名前のアリがいます。この名前は柑橘系の風味がすることからつけられました。

　このマップは、オランダのヴァーヘニンゲン大学の分類学者イデ・ヨンゲマが、食べられる昆虫2,040種をまとめたリストをもとにしています。このリストによれば、食べられている種の数が最も多いグループは甲虫で、次がイモムシだそうです。

　昆虫食は、次に来る大きな食のムーヴメントとして盛んに宣伝されています。人口の増加と、タンパク質源である家畜の生産による環境負荷——大量の飼料と広い土地——が問題視されるようになってきたため、昆虫食が持つ可能性に目が向けられるようになったのです。昆虫はタンパク質が豊富で、さまざまな微量栄養素も持っています。育てやすく大量に繁殖し、乾燥に強い種が多いのも利点です。昆虫を繁殖させるのに必要な水の量も、繁殖施設に必要な土地

302 アリとハチ

15 クモ

35 ハエ

634 甲虫

32 ゴキブリ

359 イモムシ

食べられる昆虫のおおまかな分類。甲虫の種類が飛びぬけて多い。

の広さも、他の動物を飼育する場合よりもはるかに少なくてすみます。コオロギを繁殖させた場合、およそ1kgの動物性飼料で、肉牛を飼育した場合の12倍のタンパク質が手に入ります。

　では、いったい何が問題になるのでしょうか。おそらく答えは明らかです。昆虫食が根づいている国々でさえ、昆虫は主食ではなく「おやつ」程度のあつかいなのです。そして昆虫を食べる習慣がない地域では、人口が増え過ぎたので昆虫を食べざるを得なくなるという考えは、昆虫食に対するマイナスイメージを植えつけてしまうはずです。しかし、例えば握り寿司がこれまでどのような評価を受けてきたか思い出してみましょう。かつて西洋では外国の風変わりな食べ物と考えられていましたが、今ではどこの大都市でも食べられます。人々が普通に生魚を食べるようになったのですから、昆虫を食べるのも可能なはずです。この考えは誤りかもしれません。でも、可能であることは確かです。

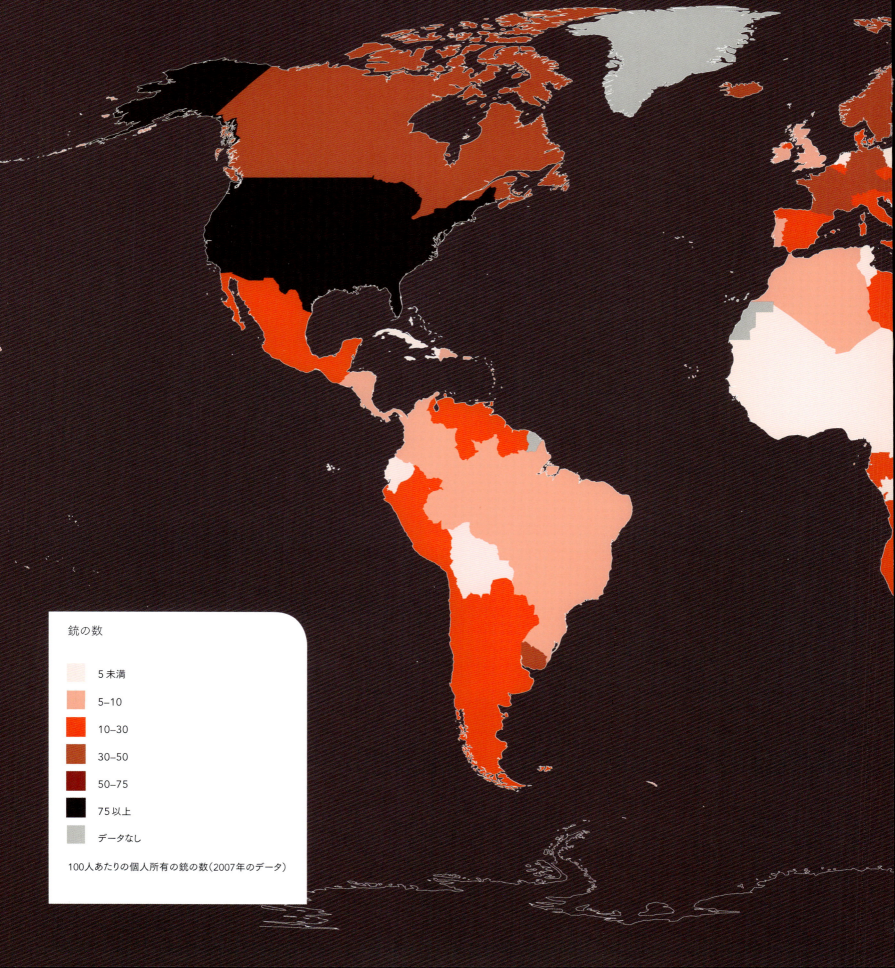

銃の数
GUNS

　1人で操作可能な火器を小火器と呼びます。小型武器と呼ぶ場合もあります。ここではその中でも拳銃、小銃、散弾銃などの銃に注目します。これらを所有している個人がどれくらいいるかは、その国が銃の所有に関してどのような文化を持っているかを示します。マップで最も濃い色に塗られている地域は、住民100人あたりの銃の所有数が75丁を超えています。アメリカでは100人あたり約80丁です。同国の人口は非常に多いため、全世界の個人所有の銃の42％はアメリカ人が所有者というわけです。ただし銃が均等に所有されているわけではなく、アメリカ人の成人の3％は「スーパー・オーナー」と呼ばれる大量所有者で、1人あたりの所有数が約17丁に達します。

　アメリカほどではないにしても、比較的所有数が多い地域はアラビア半島（イエメンが際立っている）、南北両アメリカ大陸の国々（筆頭はカナダ）、そして北西ヨーロッパです。北西ヨーロッパで銃の所有数が多いのは意外かもしれません。スイスでの銃規制は、アメリカとほぼ同等で、所有者にかなりの自由を認めています。スイスでの銃の所有率は資料によってかなりの差がありますが、マップでは少な目に見積もって25％程度としています。フランス、ドイツ、北ヨーロッパ諸国では、銃の所有に関する法律が厳しいにもかかわらず、多数の銃を個人が所有しています。

　ヨーロッパで銃の所有率が高い理由として、射撃を趣味やスポーツとして愛好している人、自分でコレクションしているか親から遺産として受け継いだ人、狩猟に従事している人が多いことがあげられます。例えばドイツでは、銃のコレクターが約30万人、遺産として受け継いだ人が90万人、競技人口が150万人、そしておそらく40万人ほどのハンターがいます。銃の数は膨大ですが、護身用など人間をターゲットに想定しているわけではなく、他の目的のために所有していると考えられます。このことが、銃が多いドイツで銃犯罪が多発していない理由でしょう。

　アフリカ、南アジア、東アジアには、個人による銃の所有率が低い地域が広がっています。だからといって、これらの地域の国々で銃犯罪が少ない、あるいは銃の数が少ないと決めつけてはなりません。通常、ある国に存在する銃の大半は、軍や民兵組織が所有しています。そしてそれらの組織が、銃を自宅に保管させている場合があるのです。このマップではそのような銃は考慮に入れ

アメリカ
100人あたり80丁

イエメン
100人あたり54.8丁

アイスランド
100人あたり30.3丁

ドイツ
100人あたり30.3丁

銃犯罪が多い2か国と少ない2か国。銃の所有率が高い点は共通する。

ていません。そのためイスラエルのように、軍人が国家から貸与された銃を自宅保管し、その数が膨大なものであっても、「個人所有の小火器」としては見えてこないのです。

　銃が私的に所有されているのか、軍事目的で所有されているのかは判別しにくいものです。公式に発表されている数字では、アフガニスタンでは銃の個人所有はそれほど多くありません。しかし同国には武器——特に書類に載っていない「紛失した」アメリカ製武器——があふれているとの報道が数多くなされています。銃を隠し持ったり、銃の所有を認めない人がいるため、銃の流通を追いかけるのは困難です。銃の所有率を示すマップはいろいろなことを教えてくれますが、全貌が明らかになっているわけではないのです。

銃の数

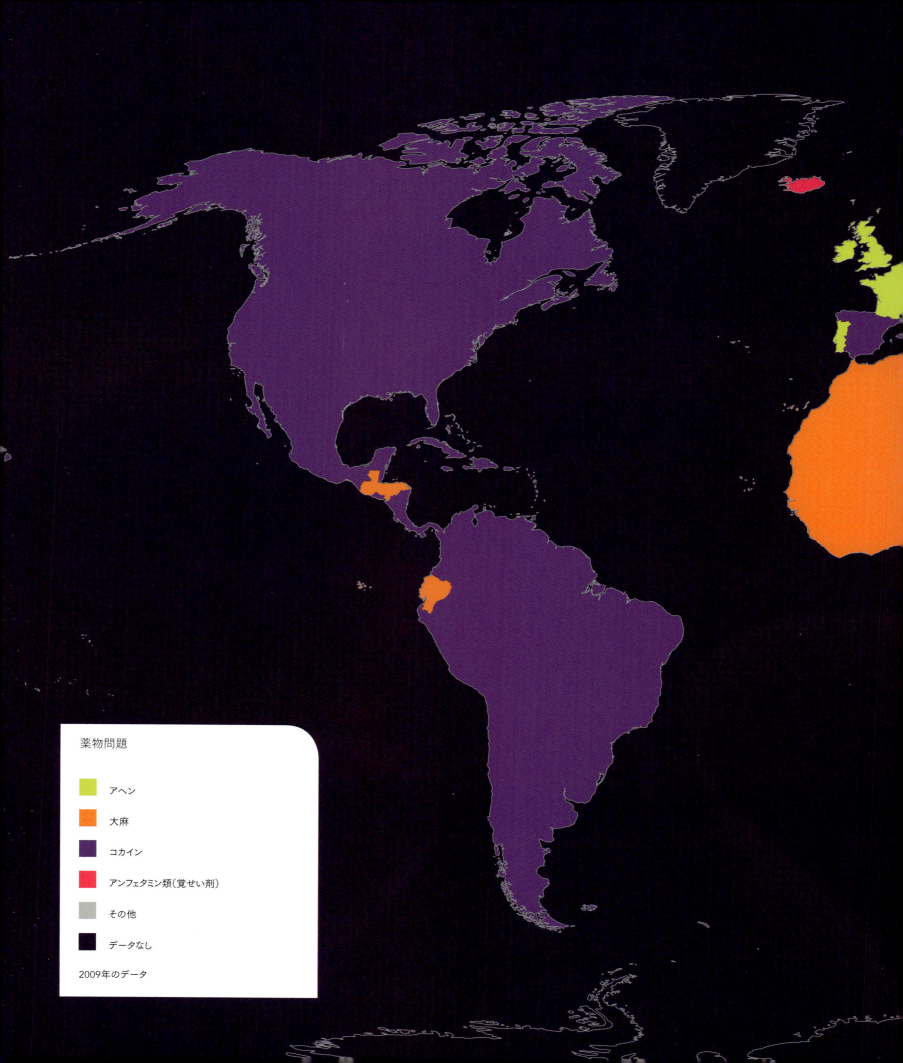

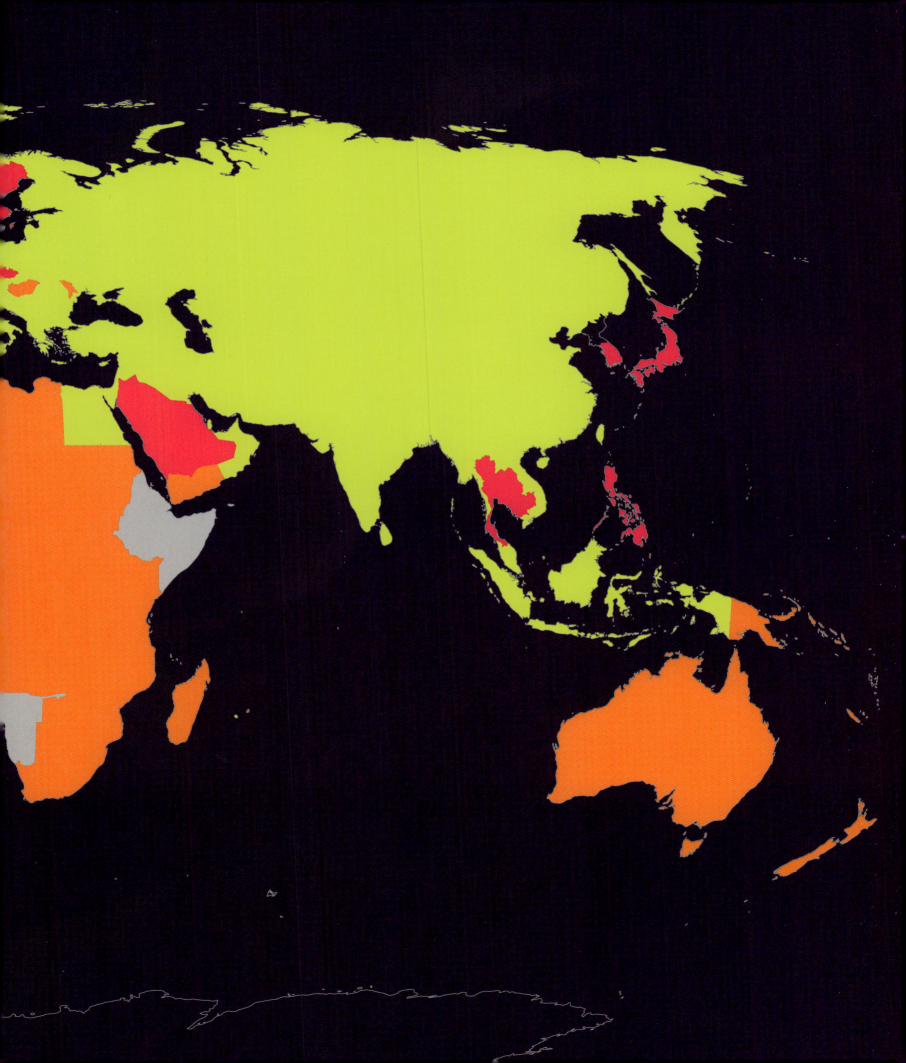

薬物問題
PROBLEM DRUGS

　薬物問題の傾向は、大陸によってかなり差があります。カナダからアルゼンチンにかけての南北アメリカ大陸（いわゆる新世界）ではコカインが好まれます。これはコカインの原料となるコカノキの葉が、この地域でつくられているためです（大量に生産されているのはボリビア、コロンビア、ペルー）。対照的に、ヨーロッパからアジアにかけて薬物問題の焦点になっているのはアヘンです。ただし、詳しく調べると地域差があり、サウジアラビアと日本ではアンフェタミン、スペインから南アメリカにかけてはコカインが特に問題視されています。

　このマップは国連の『世界薬物報告書』の中から「治療需要」のデータをもとに作成しました。ある薬物が医学的、社会的に特に問題視されているということは、その薬物が実際に広く使用されているはずだと考えたのです。ただし、マップでは大まかなとらえ方をしているため、地域の薬物問題の特性が見えなくなっているのは確かです。一例をあげれば、北アメリカで最も大きな問題になっているのはコカインですが、凡例にあるコカイン以外の3つの薬物も蔓延しています。概算ですが、治療需要の20％はコカイン以外の薬物が原因なのです。中南米では、治療需要に占めるコカインの割合は北アメリカよりも高く、アヘンは北アメリカほど問題になっていません。

　ヘロインは非常に危険な薬物で、アジアからヨーロッパにかけて広く蔓延しています。マップではアヘンと同じグループとして集計しているため、黄色に近い緑色で表示されています。この地域に蔓延している理由の1つは、世界で非合法に生産されているケシ（アヘンなどの原料）の産地が集中しているためです。具体的にはパキスタン、ミャンマー、タイ、アフガニスタンです。ヘロインを使用している人の数は、実際に見えている治療需要よりも多いと考えられ、実態は正確に把握できていません。全世界で900万人から1,600万人が使っているだろうと推定されています。これでも大麻に比べれば少ない方です。公式なデータでは、大麻の使用者は約1億8,000万人とされていますが、実際の人数はさらに多いと思われます。

　一般に欧米などの先進国では、コカインやヘロインのような高価で危険な薬物も含め、その使用者は減少傾向にあります。その一方、アフリカの都市部では増加傾向にあります。マップを見て驚かされる点の1つは、アフリカに大麻が広まっていることです。アフリカの状況は、報告書では過小評価されていま

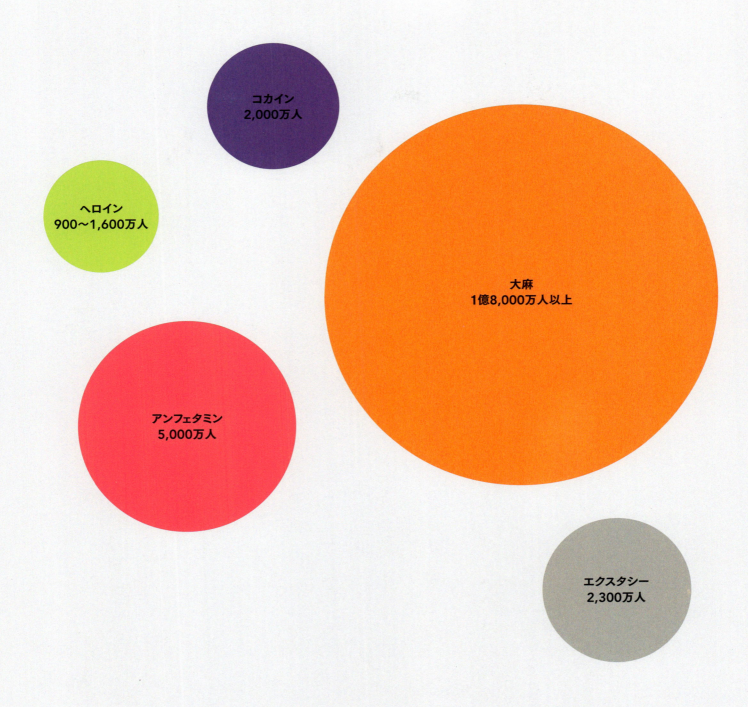

各薬物の使用者数。公式に発表されている数字であり、実際はこれより多いと考えられる。

す。アフリカでの大麻栽培は、世界的に見ても量が多く、国連では大麻栽培が「蔓延している」と述べています。アフリカ、特に南アフリカでは大麻の合法化の動きが進んでおり、やがて大麻は問題視されなくなるかもしれません。しかし、このマップは「治療需要」を示しているのです。今でさえ、アフリカには大麻の乱用で治療が必要な人が大勢いるということです。大麻が合法化されたからといって、大麻が原因となった薬物問題が無くなると考えるのは賢明ではないでしょう。

薬物問題

砂糖の消費量
SUGAR CONSUMPTION

　砂糖は世界各地に均等に流通しているわけではありません。南北アメリカ、ヨーロッパ、ロシア、中東の多くの地域では、砂糖を大量に使った食べ物が大人気です。しかしアフリカの大半と東アジアでは、それほどの消費は見られません。砂糖の消費が少ない地域の人々が砂糖嫌いなのではなく、経済的、文化的要因が砂糖の消費量に影響を与えているのです。1日の平均消費量を見ると、典型的なロシア人やアメリカ人は、平均的な中国人の数倍の砂糖を消費しています。もしかしたら、温かいお茶を飲む機会が多い東アジアでは、人々が甘味に対して敏感なため、追加で砂糖を加える傾向が少ないのでしょうか。しかしマップを見ると、やはり温かいお茶を飲む習慣を持つタイで、砂糖の消費量が多くなっています。何か別の原因があるはずです。

　歴史的に砂糖は高価で、生活必需品としては扱われてきませんでした。そのため貧困層は砂糖とは無縁でした。社会が豊かになるにつれ、お菓子をはじめとする甘い食べ物が好まれるようになってきました。長年にわたって、富と甘い食べ物は切っても切り離せない存在だったのです。ところが、工業化が進み、加工食品が増えると、砂糖の消費量が増加しました。甘さを増すことは、加工食品をおいしくするための安易な方法でもあったのです。マップに示された砂糖の多くは、チョコレートのように砂糖が使われているのが明らかな食品ではなく、炭酸飲料や缶詰、ソースなどに使われています。

　このマップに示された状況は、近いうちに変化するはずです。伝統的に砂糖をあまり使ってこなかった社会で嗜好が変わり始めたのです。近年、カカオの需要が高まっていますが、これは急成長する中国市場が原因です。中国におけるチョコレートの販売量は、過去10年間で倍以上になりました。現在、アジア太平洋地域には世界の総人口の半分以上が集中していますが、消費しているチョコレートの量は世界の消費量の10％をやや超える程度です。中国人1人が食べるチョコレートの平均量は、西ヨーロッパに住む人々の平均量の5％以下に過ぎないのですが、この状況が今後もこのまま続くとは考えられません。

1人が1日に消費する砂糖が平均25g以下の19か国

　一方、欧米などの先進国では、砂糖の大量摂取は健康に良くないという警告がなされ、消費量は減りつつあります。糖分の大量摂取は糖尿病や肥満だけでなく、歯にも影響があります。このマップは国際歯科連盟の調査結果にもとづいて作成されました（なお同連盟は国際連合食糧農業機関のデータを使っている）。世界の一方で砂糖の消費量が減り、その一方で東アジアやアフリカで消費量が増えています。21世紀に入った現在でも、砂糖の消費量は世界的に見ると不均等になっていますが、早い時期にこうした状況は変化していくことでしょう。

砂糖の消費量

地図の投影法
MAP PROJECTIONS

　本書には4つの投影法と新しいタイプの図表（コード・ダイアグラム）が使われています。最も多いのはロビンソン図法とエケルト第4図法です。ここでは投影法ごとの特徴をまとめ、その投影法をどの項目について使用したかを示しています。

　ロビンソン図法：ある特定のテーマに関して作成するマップでよく使われます。正積図法や正角図法を折衷（せっちゅう）させて世界全体を1枚に収めています。両極では歪（ゆが）みが大きくなります。

　エケルト第4図法：面積を正しく表現するため、緯線の間隔に手が加えられています。教育用の地図と、特定のテーマの地図でよく使われます。

　ガル図法：円筒図法で、北緯45°と南緯45°での形状は正確ですが、この2本の緯線を離れるにつれて歪みが大きくなります。イギリスで作られる世界地図によく用いられます。

　正距円筒図法：他の図法に比べて簡単に世界地図を作れます。すべての緯線と経線が直交するという特徴があります。

ロビンソン図法
小惑星の衝突
自然災害に対する脆弱性
気温異常
降水量の変化
水ストレス
原子力と再生可能エネルギー
有毒動物が多い国
顧みられない熱帯病
平和度
鳥類の多様性
エコロジカル・フットプリント
言語的多様性
合計特殊出生率
宗教的多様性
肥満率
移民数
アメリカ移民の出身国
都市への所要時間
銃の数
薬物問題

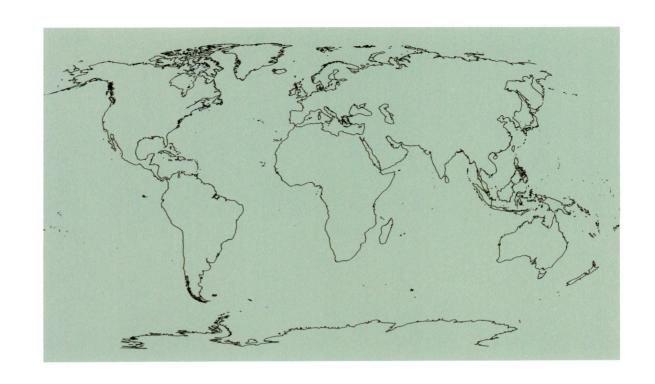

エケルト第4図法
地殻の隆起
森林火災
雷
両生類の多様性
アリの多様性
幸福度
消滅の危機にある言語
ガソリン価格
昆虫食
砂糖の消費量

地図の投影法

ガル図法

大気汚染
太陽エネルギー
世界の人口の5％
アメリカのファストフードチェーン
世界のナッツ貿易

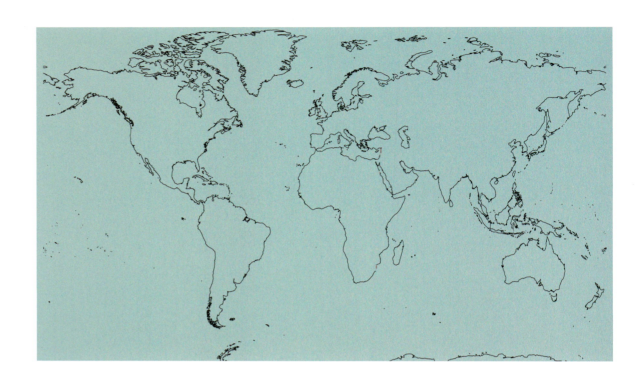

正距円筒図法

森林の増減
未知の海
海面の低下
海底ケーブル
ブラック・マーブル
Twitterのつながり
航路
エネルギーの流れ

**正距円筒図法
(太平洋を中心とした)**

海洋ゴミ
海面上昇

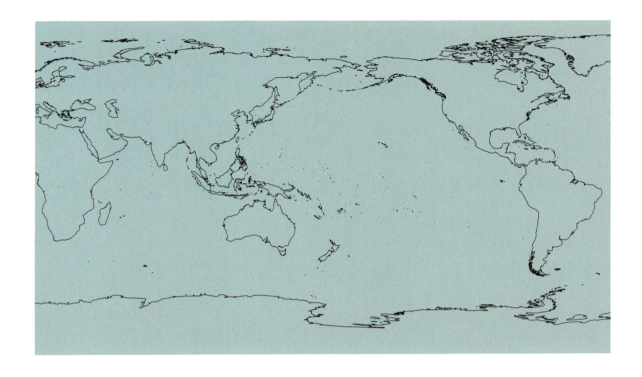

**エケルト第4図法
(太平洋を中心とした)**

海の所有者
漂流ブイ

地図の投影法

参考データ BIBLIOGRAPHY

森林火災
NASA, Fire Information for Resource Management System（資源管理システムの火災情報）
https://earthdata.nasa.gov/earth-observation-data/near-real-time/firms

小惑星の衝突
NASA, Center for Near-Earth Object Studies（地球接近天体観測プログラム）
https://cneos.jpl.nasa.gov

自然災害に対する脆弱性
Alliance Development Works, United Nations University, The Nature Conservancy, WorldRiskReport 2012（「世界リスク報告2012年版」国連大学と自然保護団体ザ・ネイチャー・コンサーバンシーの共同プロジェクト）

Alliance Development Works, Berlin, 2012（世界リスク報告などの情報サイト「reliefweb」）
http://reliefweb.int

WorldRiskReport（世界リスク報告）
http://weltrisikobericht.de/english/

Institut für Raumordnung und Entwicklungsplanung, World Risk Index（シュトゥットガルト大学 空間及び地域計画研究所の世界リスク指標）
http://www.uni-stuttgart.de/ireus/Internationales/WorldRiskIndex

森林の増減
Hansen, M. et al, Global Forest Change, University of Maryland: Department of Geographical Sciences（メリーランド大学地理科学部のマシュー・ハンセンらが作成した森林の増減マップ）
https://earthenginepartners.appspot.com

水ストレス
World Resources Institute, Water Stress by Country（世界資源研究所「国別の水ストレス」）
http://www.wri.org

Water: Mapping, Measuring, and Mitigating Global Water Challenges
http://www.wri.org/our-work/topics/water

パンゲア・ウルティマ大陸
Scotese, Christopher R. "Research", PALEOMAP project（クリストファー・スコティーズ「パレオマップ・プロジェクト」）
http://www.scotese.com

地殻の隆起
UNESCO, High Coast / Kvarken Archipelago（ユネスコ世界遺産）
http://whc.unesco.org

Milne, G. and Shennan, I. 'Isostasy: Glaciation-Induced Sea-Level Change', Encyclopaedia of Quaternary Science, 2nd Edn, Elsevier, New York, 2013, pp.452-259.

原子力と再生可能エネルギー
REN21
http://www.ren21.net

大気汚染
NASA, Measurement of Pollution in the Troposphere（対流圏汚染観測装置）
https://terra.nasa.gov/about/terra-instruments/mopitt

太陽エネルギー
World Energy Council（世界エネルギー会議）
https://www.worldenergy.org

気温異常
Lynch, P. and Perkins, L. 'Five-Year Global Temperature Anomalies from 1880 to 2016', NASA
https://svs.gsfc.nasa.gov/4546

航空交通量
Grandjean, M. Connected World: Untangling the Air Traffic Network
http://www.martingrandjean.ch

海の所有者
海洋の国際法秩序と国連海洋法条約（外務省）
http://www.mofa.go.jp/mofaj/gaiko/kaiyo/law.html

海洋ゴミ
NOAA Marine Debris Program（アメリカ海洋大気庁）
https://marinedebris.noaa.gov

Maximenko, N. and Hafner, J. Marine Debris, International Pacific Research Center, 2010
http://iprc.soest.hawaii.edu/news

未知の海
Census of Marine Life（海洋生物センサス）
http://www.coml.org

海面の低下
Mitchell, H. Draining the Oceans, NASA
https://svs.gsfc.nasa.gov/3487

漂流ブイ
NOAA AOML Physical Oceanography Division, The Global Drifter Program（アメリカ海洋大気庁大西洋海洋気象研究所「全地球漂流ブイプログラム」）
http://www.aoml.noaa.gov

雷
NASA, Global Lightning Activity
https://earthobservatory.nasa.gov/IOTD

海底ケーブル
International Cable Protection Committee（国際ケーブル保護委員会）
https://www.iscpc.org

TeleGeography, Submarine Cable Map
http://www.submarinecablemap.com

海面上昇
Handleman, M. and Elkins, K. 'Earth's Rising Seas', NASA
https://svs.gsfc.nasa.gov/11927

降水量の変化
European Centre for Medium-Range Weather Forecasts（ヨーロッパ中期予報センター）
http://www.ecmwf.int

両生類の多様性
NatureServe, Global Amphibian Assessment: 2004-2014（ネイチャー・サーブ「世界両生類アセスメント2004-2014」）
http://www.natureserve.org/conservation-tools

アリの多様性
Antsmap.org（アントマップス）, GABI Visualization Tool
http://antmaps.org

Guénard, B. The Global Ant Biodiversity Informatics Project
https://benoitguenard.wordpress.com

鳥類の多様性
BirdLife International, Data Zone（バードライフ・インターナショナル）
http://datazone.birdlife.org

Biodiversitymapping.org
http://biodiversitymapping.org

有毒動物が多い国
Armed Forces Pest Management Board, 'Living Hazards Database'（軍隊害虫獣管理会議「リビング・ハザード・データベース」）
http://www.acq.osd.mil

顧みられない熱帯病
Uniting to Combat Neglected Tropical Diseases, 'The London Declaration'（顧みられない熱帯病に対するロンドン宣言）
http://unitingtocombatntds.org

Centers for Disease Control and Prevention, Map: Global Overlap of Six of the Common NTDs
https://www.cdc.gov/globalhealth

世界の人口の5％
Galka, M. 'The Global Extremes of Population Density', Metrocosm
http://metrocosm.com

エコロジカル・フットプリント
Henrie, G. 'World Ecological Footprint per Capita', Situating the Global Environment
http://dsarchive.lclark.io

Global Footprint Network
http://www.footprintnetwork.org

平和度
The Institute for Economics and Peace, Global Peace Index 2016（経済平和研究所「世界平和度指数2016」）
http://visionofhumanity.org

ブラック・マーブル
NASA, Night Lights 2012 - The Black Marble
Carlowicz, M. 'Night Light Maps Open Up New Applications', NASA
https://earthobservatory.nasa.gov/NaturalHazards

言語的多様性
Ethnologue（エスノローグ）: Languages of the World
https://www.ethnologue.com

Greenberg, J. 'The Measurement of Linguistic Diversity', Language, Vol. 32.1, Linguistic Society of America, Washington DC, 1956, pp. 109-115

合計特殊出生率
CIA, Country Comparison: Total Fertility Rate
https://www.cia.gov/library/publications

United Nations, World Population Prospects
https://www.un.org/development/desa/publications/category/population

宗教的多様性
Pew Research Centre, Global Religious Diversity（ピュー研究所「世界の宗教的多様性」）
http://www.pewforum.org

肥満率
World Health Organisation, Obesity and overweight（世界保健機関「肥満と体重過多」）
http://www.who.int/mediacentre/factsheets/fs311/en/

World Obesity
http://www.worldobesity.org

幸福度
Helliwell, J., Layard, R. and Sachs, J. World Happiness Report 2015, Sustainable Development Solutions Network, 2015, New York.

Royal Government of Bhutan, The Report of the High-Level Meeting on Well-being and Happiness: Defining a New Economic Paradigm, The Permanent Mission of the Kingdom of Bhutan to the United Nations, New York, 2012.

Twitterのつながり
Leetaru, K. et al, 2013 Mapping the Global Twitter Heartbeat: The Geography of Twitter, First Monday, 18, 5
http://firstmonday.org

アメリカのファストフードチェーン
The Data Team, 'Fast-food Nations', The Economist, 2015
http://www.economist.com/fastfood

Daszkowski, D. 'The Expansion of American Fast Food Franchises', the balance, 2017
https://www.thebalance.com

航路
Anon., 'Free Exchange: The Humble Hero', The Economist, 2013（『エコノミスト』）
http://www.economist.com/news

Globaïa, The Global Transportation System, 2013
http://globaia.org

エネルギーの流れ
Globaïa, A Cartography of the Anthropocene
http://globaia.org

移民数
United Nations, International Migrant Stock 2015: Maps
http://www.un.org/en/development/desa/population/migration/data/estimates2/estimatesmaps.shtml?0t0

移民の流れ
Vienna Institute of Demography（ウィーン人口研究所）
http://www.oeaw.ac.at

Sander, N., Abel, G. and Bauer, R. The Global Flow of People
http://www.global-migration.info

アメリカ移民の出身国
Pew Research Center, Origins and Destinations of the World's Migrants, from 1990-2015（ピュー研究所「世界の移民の出身国と目的国 1990-2015」）
http://www.pewglobal.org

都市への所要時間
Nelson, A. Travel Time to Major Cities: A Global Map of Accessibility, Office for Official Publications of the European Communities, Luxembourg, 2008
http://forobs.jrc.ec.europa.eu

消滅の危機にある言語
Moseley, C. Atlas of the World's Languages in Danger, UNESCO Publishing, Paris, 2010（ユネスコ『世界消滅危機言語地図』）
http://www.unesco.org/culture

世界のナッツ貿易
International Nut and Dried Fruit Council, 2014/2015 World Nuts & Dried Fruits Trade Map（国際ナッツ・ドライフルーツ協議会「2014/2015 世界ナッツ・ドライフルーツ トレードマップ」）
http://www.nutfruit.org

ガソリン価格
Emerson, K. 'Map of the Week: Oil Prices! See how the cost of oil has changed across the globe from 2014 to 2016', American Geographical Society, 2016
http://americangeo.org

昆虫食
Jongema, Y. 'List of Edible Insects of the World (April 1, 2017)', Wageningen University & Research, 2017（イデ・ヨンゲマ「世界の食べられる昆虫リスト」）
http://www.wur.nl

銃の数
Small Arms Survey
http://www.smallarmssurvey.org

Geneva Graduate Institute of International Studies, Privately Owned Guns per 100 Residents, 2007
http://graduateinstitute.ch

Myers, J. 'This is What Gun Ownership Looks Like Around the World', World Economic Forum, 2016
https://www.weforum.org

薬物問題
United Nations Office on Drugs and Crime, World Drug Report 2016（国連薬物・犯罪事務所「世界薬物報告書」）
http://www.unodc.org

Guardian Datablog, The World in Drugs Use 2009, The Guardian, 2009
https://www.theguardian.com/news

砂糖の消費量
World Dental Federation（国際歯科連盟）, The Challenge of Oral Disease: A Call for Global Action: The Oral Health Atlas, 2nd Ed., FDI World Dental Federation, Geneva, 2015
http://www.fdiworlddental.org

＊各ウェブサイトの内容は変更されている場合があります。

索引 INDEX

＊太字は地図や図表で関連があることを示す。

あ行

アイスランド 127, **127,** 151, **151,** 160, 204, **204**
青ナイル 40
アジア 28, 32, 44, 56, 72, 80, 82, 92, 111, 114, 119, 123, 126, 130, 134, 138, 142, 146, 147, 150, 156, 160, 164, 165, 168, 172, 173, 176, 180, 184, 188, 192, 204, 208, 212, 213
アフガニスタン 143, 151, 205, 208
アフリカ 12, 20, 24, 28, 29, 32, 40–1, 44, 48, 49, 56, 80, 92, 106, 142, 146, 150, 151, 156–7, 160, 164, 168, 172, 176, 177, 184, 188, 192, 193, 196, 204, 208–9, 212, 213
アマゾン 12, 102, 106, 184, 188, 200
アメリカ合衆国 99, **99, 123,** 146, **157**
アメリカ：移民の出身国 **178–9,** 180, 181, **181**
アメリカ合衆国：ファストフードチェーン **158–9,** 160, 161, **161**
アメリカ海洋大気庁 76, 77, 77
アメリカドクトカゲ 110
アメリカ領サモア 146
アラビア半島 20, 122, 150, 156, 204
アラブ首長国連邦 122, **123,** 150, 151, 160, 192
アリ **100–1,** 102, 103, **103**
アンゴラ 196
アントマップス 102
アンボイナガイ 110
アンリ、ギャビー 122
イエメン 20, 84, 172, 204, **205**
イギリス 36, 48, 76, 52, 92, 127, 151, 156, 160, 189, 196–7
イスラエル 127, 172, 189, **189,** 205
一酸化炭素 **42–3,** 44, 45
移民数 **170–1,** 172, 173, **173**
移民の流れ **174–5,** 176, 177, **177**
イラク 127, 130, 172
イラン 192, 196
インド 20, 28, 41, **41,** 48, 56, 84, 92, 93, 110, 111, 118, 127, 134, 135, 138, 139, 142, 164, 168, 172, 180, 184, 192
インドネシア 28, 77, **77,** 110, 185
インド洋 20, 164
ウィーン人口研究所 177
ヴィクトリア湖 106
ウィルソン、エドワード・O 103
ウクライナ 40, **189**
渦 64
海の所有者 **58–9,** 60, 61, **61**
エケルト第4図法 214, 215, **215,** 217, **217**
エコノモ、エヴァン 102
エコロジカル・フットプリント（1人あたり） **120–1,** 122, 123, **123**
エチオピア 115
エネルギーの流れ **166–7,** 168, 169, **169**
エルサルバドル 40, 106, 115
オーストラリア 12, 28, 32, 41, 44, 52, 60, 72, 76, 77, 84, 102, 110, 111, 130, 150, 160, 172, 181, 184, 188, 200
オーストラリア気象局 76
オーストリア 127, **127**
沖縄科学技術大学院大学 102
オマーン 172

か行

海底ケーブル **82–3,** 84, 85, **85**
海氷 52, 53, 89, **89,** 165, **165**
海洋：海面上昇 **86–7,** 88, 89, **89**
海洋：海面の低下 **70–1,** 72, 73, **73**
海洋：海洋ゴミ **62–3,** 64, 65, **65**
海洋：未知の海 **66–7,** 68, 69, **69**
海洋生物センサス 68
顧みられない熱帯病 **112–13,** 114, 115, **115**
カザフスタン 17, **17,** 172
可視赤外イメージャー・放射計 （VIIRS） 131
ガソリン価格 **194–5,** 196, 197, **197**
カタール 20, 56, **57,** 127

カナダ　24, 36, 41, **41**, 61, 102, 111, 122, **123**, 146, 150, 168, 172, 180, 181, 184, 188, 204, 208
雷　**78–9**, 80, 81, **81**
カリフォルニア　88, 197
ガルカ、マックス　118, 119
ガル図法　214, 216, **216**
「カルトグラフィー・オブ・アントロポセン」　164
韓国　130, 134, 156, 180, **181**
干ばつ　20, 28, 29, 52, 92, 201
気温異常　**50–1**, 52, 53, **53**
気候変動　21, 48, 92, 122
北アメリカ　24, 36, 92, 122, 134, 165, 172–3, **173**, **177**, 208
北大西洋　48, 56, 64, 84, 89, 164
北朝鮮　130, 134
キューバ　20, 134, 180, 181, **181**
グリーンバーグ、ジョーゼフ　134
グリーンランド　17, **17**, 36, 60, 81, **81**, 119, **119**, 184
グローバリゼーション　152-213
グローバル・トラコーマ・マッピング・プロジェクト　115
軍隊害虫獣管理会議　110
経済的水不足　28
経済平和研究所　126, 127
ゲナール、ブノワ　102
言語的多様性　**132–3**, 134, 135, **135**
原子力と再生可能エネルギー　**38–9**, 40, 41, **41**
航空交通量　**54–5**, 56, 57, **57**
合計特殊出生率　**136–7**, 138, 139, **139**
降水量の変化　**90–1**, 92, 93, **93**
幸福度　**148–9**, 150, 151, **151**
航路　**162–3**, 164, 165, **165**
国際ケーブル保護委員会　85
国際歯科連盟　212–13
国際ナッツ・ドライフルーツ協議会　192, 193
国連　139
国連：海洋法に関する国際連合条約　60, 61
国連：幸福に関するハイレベル会合　150

国連：世界薬物報告書　208
国連：世界リスク報告2012年版　11
コスタリカ　41, **41**, 127
コロンビア　110, 200, 208
コンゴ民主共和国　40, 56, 57, **57**, 80
昆虫食　**198–9**, 200, 201, **201**

さ行

サウジアラビア　20, 146, 172, 173, **197**
砂糖の消費量　**210–11**, 212, 213, **213**
砂漠化研究センター（スペイン）　12
「砂漠の太陽エネルギー」　41
サハラ　12, 48, 49, 92, 184
サモア　146–7
GDP　126, 150
自然災害に対する脆弱性　**18–19**, 20, 21, **21**
ジブラルタル　134
宗教的多様性　**140–1**, 142, 143, **143**
銃の数　**202–3**, 204, 205, **205**
種分化　98
シュミット、ビャビン　52
消滅の危機にある言語　**186–7**, 188, 189, **189**
小惑星の衝突　**14–15**, 16, 17, **17**
シンガポール　127, 143, **143**, 165
人新世　168
森林火災　10–11, 12, 13, 13
森林の増減　**22–3**, 24, 25, **25**
水力　40, 41
スコティーズ、クリストファー（博士）　33
正距円筒図法　214, 216, **216**, 217, **217**
世界キリスト教研究センター　142
世界幸福度報告　150, 151, **151**
世界消滅危機言語地図　188
世界の人口の5％　**116–17**, 118, 119, **119**
世界のナッツ貿易　**190–1**, 192, 193, **193**
世界平和度指数　126-7

世界保健機関（WHO）　114, 146
世界両生類アセスメント　98
全地球漂流ブイプログラム　76-7
ソビエト連邦　130

た行

タイ　200, 212
大気汚染　**42–3**, 44, 45, **45**
大西洋　48, 56, 64–5, 72, 76, 84, 89, 156, 164
太平洋　20, 48, 64–5, **65**, 76, 88–9, 110, 122, 146–7, 164, 212, 217, **217**
太平洋ゴミベルト　64-5
太陽エネルギー　**46–7**, 48, 49, **49**
太陽光発電　40–1, 48–9
対流圏汚染観測装置（MOPITT）　44, 45
チェリャビンスク（ロシア）　9
地殻の隆起　**34–5**, 36, 37, **37**
地球の形　37, **37**
チベット高原　48, 185
中国　40, 45, 56, 60, 142, 156, 160, 165, 172, 180, 181, **181**, 185, 192, 212
中東　28, 29, 52, 126, 130, 142, 146, 150, 168, 172, 212
鳥類の多様性　**104–5**, 106, 107, **107**
チリ　28, 60, 188
Twitterのつながり　**154–5**, 156, 157, **157**
ディノハリアリ　102
デンマーク　60, 127, **127**, 150, 151
ドイツ　151, 165, 173, 180, 204, 205, **205**
投影法（地図）　214–17, **215**, **216**, **217**
東南アジア　72, 84, 89, 92, 102, 106, 123, 134, 146, 147, 156, 160, 180, 188
トーゴ　196
都市への所要時間　**182–3**, 184, 185, **185**
ドッガーランド　72
ドミニカ共和国　180

索引　**221**

トルコ 192, 196
トンガ 146

な行

ナイジェリア 138, 156, 157, **157**, 168, 196
ナイル川 130, 131
NASA 44, 45, 53, 72, 88, 131
NASA:ゴダード宇宙科学研究所 52
NASA:資源管理システム 7
NASA:地球接近天体観測プログラム 9
南極 32, 36, 48, 52, 53, 60, 84
南極条約(1959) 60
西パプア 185
日本 21, 102, 146, 156, 168, 172, 188
ニュージーランド 41, **41**, 60, 122, **123**, 127, **127**, 150, 172
ネイチャー・サーブ 106
ノルウェー 40, 60, 122, **123**, 151, **151**, 197, **197**

は行

バードライフ・インターナショナル 106
ハイチ 20, 134
ハコクラゲ 110
パシフィック・カルトグラフィー 122
パナマ運河 164
バヌアツ 20, **21**
パプアニューギニア 72, 127, 134, 135, **135**, 143
パラグアイ 40
ハンガリー 40
バングラデシュ 21, 84, 118, **119**
パンゲア・ウルティマ大陸 **30–1**, 32, 33, **33**
ハンセン、マシュー 24, 25
BMI 146
ヒマラヤ山脈 32, 48, 184–5
肥満 **144–5**, 146, 147, **147**
ピュー研究所 143, 181
漂流ブイ **74–5**, 76, 77, **77**
ビルクマン、ヨルン(教授) 20

ヒンディー語 134
ファストフードチェーン(アメリカ) **158–9**, 160, 161, **161**
フィリピン 20, 21, **21**, 89, 180
フィンランド 24, 36, 40, 103, **151**, 196
ブータン 127, 150
プエルトリコ 180
「フォアバルジ」 37
フセイン、サッダーム 130
ブラジル 24, 28, 41, **41**, 52, 98, 99, 107, 110, 111, 138, 151, 192, 200
ブラック・マーブル **128–9**, 130, 131, **131**
ブルキナファソ 196
平和度 **124–5**, 126, 127, **127**
ベトナム 110, 180, **181**, 189, 192
ペルー 102, 173, 192, 208
ベンガル湾 118
ポーサス、ジュリ 12–13
ボスニア湾 36
北海 72, 130
北極 48, 52, 53, 61, 165
北極点調査(2007) 61
ボリビア 24, 192, 208
ポルトガル 127, **127**
ボルネオ 102
ホルムズ海峡 164
香港 28, 102
香港大学生物科学学院 102

ま行

マウシンラム(インド) 92–3, **93**
マキシメンコ、ニコライ 64
マフェン、サリココ 189
マラカイボ湖(ベネズエラ) 80, **81**
マラッカ海峡 164
マリ 92
マリアナ海溝 68, 72
水ストレス **26–7**, 28, 29, **29**
未知の海 **66–7**, 68, 69, **69**
南アメリカ 24, 32, 40, 44, 48, 92, 98, 102, 106, 107, **107**, 110, 118, 126, 142, 156, 164, 172, 180, 184, 208

メキシコ 28, 110, 111, 127, 150, 176, 180, 181, **181**, 188, 200
モールス、サミュエル 82

や行

薬物問題 **206–7**, 208, 209, **209**
有毒動物が多い国 **108–9**, 110, 111, **111**
ユネスコ 36, 188
ヨーマンズ、ドナルド 16
ヨーロッパ 24, 32, 36, 37, 41, 48, 52, 56, 92, 98, 111, 122, 126, 130, 134, 138, 146, 151, 156, 160, 164, 165, 168, 172, 173, 176, 177, 180, 192, 204, 208, 212
ヨーロッパ中期予報センター 92
ヨルダン 172
ヨンゲマ、イデ 200

ら行

ラテンアメリカ 56, 114, 123, 150, 157, 177
リビア 138, 146
リビング・ハザード・データベース 110
両生類の多様性 **96–7**, 98, 99, **99**
レーニン、ウラジーミル 130
レソト 41, **41**
ロシア 16, 24, 44, 61, 126, 130, 150, 172, 173, 196, 212
ロビンソン図法 214, 215, **215**
ロンドン宣言 115

わ行

ワグナー、トム 88
湾岸諸国 56, 131, 176

クレジット CREDITS

10-11 J. G. Pausas and E. Ribeiro, 2013, Global Ecology and Biogeography; 13 Reto Stockli, NASA's Earth Observatory Team, using data courtesy the MODIS Land Science Team at NASA Goddard Space Flight Center; 14-15, 17 Planetary Defense Coordination Office, NASA Headquarters; 18-19, 21 © DW based on information provided by Bündnis Entwicklung Hilft, Berlin; 22-23, 25 © Hansen/UMD/Google/USGS/NASA; 26-27, 29 Gassert, F., P. Reig, T. Luo, and A. Maddocks. 2013. "Aqueduct country and river basin rankings: a weighted aggregation of spatially distinct hydrological indicators." Working paper. Washington, DC: World Resources Institute, November 2013. Licensed under CC BY 3.0; 30-31 © C. R. Scotese (U. Texas at Arlington), PALEOMAP; 33 Ziko-C / Public Domain; 34-35 Milne, G.A. and Shennan, I., 2013. Isostasy: Glaciation-Induced Sea-Level Change. In: S. Elias (Ed.), Encyclopedia of Quaternary Sciences (2nd edition). Elsevier, London, UK, pp. 452-459.; 37 © ESA/HPF/DLR; 38-39, 41 Maps on the Web http://mapsontheweb.zoom-maps.com/post/120939690653/percentage-of-electricity-produced-from-renewable; 42-43, 45 Abel, G. J., & Sander, N. (2014). Quantifying Global International Migration Flows. Science, 343(6178), 1520–1522. https://doi.org/10.1126/science.1248676; 46-47, 49 © Copyright 2014 All Rights Reserved - Natura Eco Energy Pvt. Ltd.; 50-51, 53 NASA/Goddard Space Flight Center Scientific Visualization Studio. Data provided by Robert B. Schmunk (NASA/GSFC GISS); 54-55, 57 Licensed under CC-BY-SA http://www.martingrandjean.ch/connected-world-air-traffic-network/; 58-59, 61 Licensed under CC BY-SA 3.0 cl; 62-63, 65 Nikolai Maximenko, International Pacific Research Center, School of Ocean and Earth Science and Technology, University of Hawaii; 66-67, 69 Ocean Biogeographic Information System. Intergovernmental Oceanographic Commission of UNESCO. www.iobis.org. Accessed: 2017-01-12.; 70-71, 73 NASA/Goddard Space Flight Center Scientific Visualization Studio U.S. Department of Commerce, National Oceanic and Atmospheric Administration, National Geophysical Data Center, 2006, 2-minute Gridded Global Relief Data (ETOPO2v2) - http://www.ngdc.noaa.gov/mgg/fliers/06mgg01.html; 74-75, 77 Drifting buoy data courtesy of NOAA's Global Drifter Program; 78-79, 81 NASA Earth Observatory image by Joshua Stevens using LIS/OTD data from the Global Hydrology and Climate Center Lightning Team; 82-83, 85 AIMS, GBRMPA, JCU, DSITIA, GA, UCSD, NASA, OSM, ESRI; 86-87 © Contains modified Copernicus Sentinel data (2016), processed by ESA and CNES; 89 © ESA/CNES/CLS; 90-91, 93 Image courtesy of Dr. Sean Birkel; 96-97, 99 AmphibiaWeb Copyright © 2000-2017 The Regents of the University of California; 100-101, 103 Janicki, J., Narula, N., Ziegler, M., Guénard, B. Economo, E.P. (2016) Visualizing and interacting with large-volume biodiversity data using client-server web-mapping applications: The design and implementation of antmaps.org. Ecological Informatics 32: 185-193.; 104-105, 107 BirdLife International and Handbook of the Birds of the World (2017) Bird species distribution maps of the world. Version 6.0. Available at http://datazone.birdlife.org/species/requestdis; 108-109, 111 Office of the Assistant Secretary of Defense for Energy, Installations and Environment (Armed Forces Pest Management Board) Living Hazards Database http://www.acq.osd.mil/eie/afpmb/livinghazards.html; 112-13, 115 U.S. Centers for Disease Control and Prevention; 116-17, 119 Original source http://io9.gizmodo.com/this-maps-red-and-blue-regions-each-contain-5-of-the-w-1719773481; 120-21, 123 Gabby Henrie, Lewis & Clark College Environmental Studies Program; 124-25, 127 Institute for Economics and Peace; 128-29, 131 NASA/Goddard Space Flight Center Scientific Visualization Studio U.S. Department of Commerce, National Oceanic and Atmospheric Administration, National Geophysical Data Center, 2006, 2-minute Gridded Global Relief Data (ETOPO2v2) - http://www.ngdc.noaa.gov/mgg/fliers/06mgg01.html The Blue Marble Next Generation data is courtesy of Reto Stockli (NASA/GSFC) and NASA's Earth Observatory. The Blue Marble data is courtesy of Reto Stockli (NASA/GSFC); 132-33, 135 Ethnologue 18 linguistic diversity index BlankMap-World6.svg. Licensed under CC-BY-SA 3.0; 136-37, 139 Data from CIA world factbook; 140-41, 143 Copyright 2016 Pew Research Center; 144-45, 147 data © World Health Organisation data © World Health Organisation Reprinted from http://apps.who.int/bmi/index.jsp?introPage=intro_3.html; 148-49, 151 Helliwell, John F., Richard Layard, and Jeffrey Sachs, eds. 2015. World Happiness Report 2015. New York: Sustainable Development Solutions Network; 154-55, 157 Image courtesy of Kalev Leetaru; 162-63, 165 NOAA's SEAS BBXX database, from 14.10.2004 to 15.10.2005; 166-67 National Geospatial-Intelligence Agency, September 2000; 169 FELIX PHARAND-DESCHENES, GLOBAIA/SCIENCE PHOTO LIBRARY; 170-71, 173 Licensed under CC-BY-SA http://www.un.org/en/development/desa/population/migration/data/estimates2/estimatesmaps.shtml?1t1; 175-76, 177 "The Global Flow of People" (www.global.migration.info) by Nikola Sander, Guy Abel & Ramon Bauer, published in Science in 2014 under the title "Quantifying global international migration flows"; 178-79, 181 United Nations Population Division; 182-83 © European Union, 1995-2017; 185 Created by David Marioni from the Noun Project; 185 Created by Yu Luck from the Noun Project; 186-87, 189 © 2016 – The Language Conservancy (this map is based on data from UNESCO & © UNESCO 1995-2010; 190-91, 193 INC International Nut and Dried Fruit Council; 194-95, 196 American Geographical Society © 2016. All Rights Reserved; 198-99, 201 Jongema, 2012; 202-203, 205 Licensed under CC1.0 Universal; 206-207, 209 Data from Mortality and Burden of Disease estimates for WHO member states in 2002; 210-11, 213 Food and Agriculture Organization of the United Nations, 2015, FDI World Dental Federation, "The Challenge of Oral Disease – A call for global action. The Oral Health Atlas. 2nd ed." http://www.nature.com/bdj/journal/v220/n9/full/sj.bdj.2016.322.html. Reproduced with permission.

【著者】

アラステア・ボネット Alastair Bonnett

英ニューカッスル大学教授。専門は社会地理学。著書に『オフ・ザ・マップ──世界から隔絶された場所』（イーストプレス、2015年）、『*What is Geography?*』『*How to Argue*』などがあるほか、現代世界のさまざまな事象について雑誌に寄稿している。1994～2000年まで地理学の専門誌の編集人を務めた。

【訳者】

山崎正浩（やまざき・まさひろ）

翻訳家。訳書に『地図と絵画で読む聖書大百科』『図説ギリシア・ローマ神話人物記』『第一次世界大戦の歴史大図鑑』『武器の歴史大図鑑』『パブロフの犬──実験でたどる心理学の歴史』『シュレディンガーの猫──実験でたどる物理学の歴史』『親子で学ぶ音楽図鑑』『10才からはじめるプログラミング図鑑』（いずれも創元社）など多数。

地球情報地図50
自然環境から国際情勢まで

2018年3月10日　第1版第1刷発行

著　者　アラステア・ボネット
訳　者　山崎正浩
発行者　矢部敬一
発行所　株式会社 創元社
　　　　http://www.sogensha.co.jp/
　　　　〔本社〕
　　　　〒541-0047 大阪市中央区淡路町4-3-6
　　　　Tel.06-6231-9010 Fax.06-6233-3111
　　　　〔東京支店〕
　　　　〒162-0825 東京都新宿区神楽坂4-3 煉瓦塔ビル
　　　　Tel.03-3269-1051

組版・装丁　HON DESIGN

© 2018, Printed in China
ISBN978-4-422-25082-3 C0025

本書を無断で複写・複製することを禁じます。
落丁・乱丁のときはお取り替えいたします。

JCOPY　〈出版者著作権管理機構 委託出版物〉

本書の無断複写は著作権法上での例外を除き禁じられています。複写される場合は、そのつど事前に、出版者著作権管理機構（電話 03-3513-6969、FAX 03-3513-6979、e-mail: info@jcopy.or.jp）の許諾を得てください。